ONE
FOR
SOLITUDE
TWO
FOR
FRIENDSHIP
THREE
FOR
SOCIETY

biography

THREECHAIRS COMPANY

서울시 종로구 자하문로 269, 3F
TEL 02 396 6266 FAX 070 8627 6266
WWW.BIOGRAPHYMAGAZINE.KR
CONTACT@BIOGRAPHYMAGAZINE.KR

CREATIVE
DIRECTION &
COPY
이연대
LEE YEONDAE

DESIGN
DIRECTION
이수민
LEE SUMIN

EDITING
이연대
LEE YEONDAE
허설
HUH SEOL
김혜진
KIM HYEJIN
손소영
SON SOYOUNG

ASSISTANCE
박수현
PARK SUHYUN

PHOTOGRAPHY
박준석
PARK JUNSEOK

ILLUSTRATION
박문영
PARK MOONYOUNG

TRANSLATION
박은혜
PARK EUNHYE
홍석현
HONG SEOKHYEUN

EXECUTIVE
ADVISOR
손현우
SON HYUNWOO

CONTRIBUTOR
심중선
SIM JUNGSUN

THANKS
강수희
KANG SOOHEE
김규완
KIM GYUWAN
김지호
KIM JIHO
김윤성
KIM YUNSEONG
유성훈
YOO SUNGHOON
유재영
YOO JAEYOENG
유재환
YOO JAEHWAN
유지혜
YOO JIHYE
이선화
LEE SUNHWA
이창용
LEE CHANGYONG
이충현
LEE CHUNGHYEON
장예슬
JANG YESUL
정숙향
JEONG SUKHYANG
정정숙
JEONG JEONGSUK
정홍석
JEONG HONGSEOK

DISTRIBUTION
(주)날개물류

PRINTING
(주)스크린그래픽

PUBLISHING
(주)스리체어스
THREECHAIRS
도서등록번호
종로 마00071
출판등록일
2014년 7월 17일

JUL AUG 2015
ISSUE 5
CHOE JAE-CHUN

ISSN
2383-7365
ISBN
979-11-953258-5-6 04080
979-11-953258-0-1(세트)

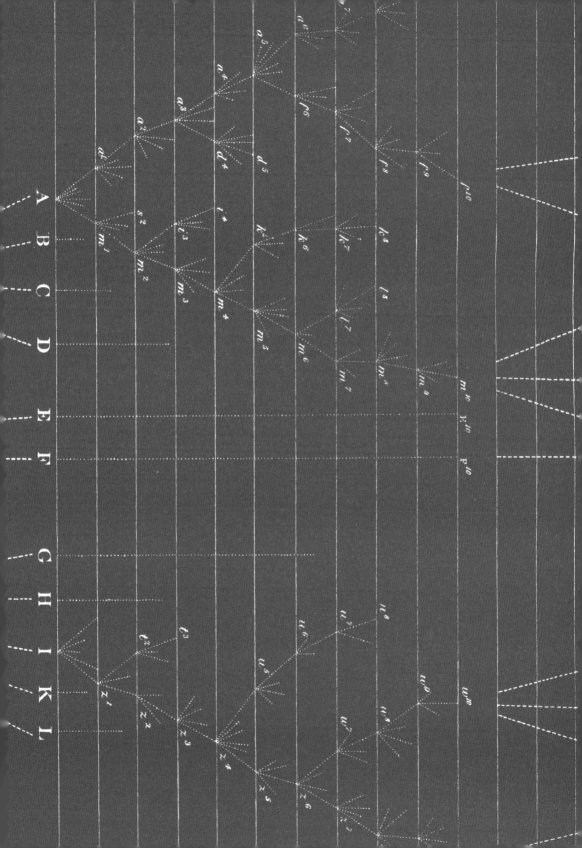

600

preface

WORDS BY LEE YEONDAE, PUBLISHER

나는 내가 모든 직원인 그런 회사를 세울 수 있지. 마흔 살의 나와 서른 살의 내가 아침 회의를 하고, 스물여덟 살의 내가 봉지 커피를 타 오는 그런 회사. 이를테면 말이야. 지금의 내가 신입 사원인 나에게 결재 서류를 던지며 너희 대학 출신도 학위를 주느냐고 소리칠 수 있고, 결혼을 나흘 앞둔 서른 살의 나에게 부재중 업무 공백이 없도록 하라고 말할 수 있지. 과장 승진에 또다시 누락된 서른여섯 살의 나는 스물여덟 살의 나를 허름한 술집에 앉혀 놓고 말없이 티브이만 볼 수도 있어. 지하철역 입구에서 어깨를 두드리며 넌 똑바로 살라고 얘기할 수 있지. 뒤축이 닳은 구두를 끌고 서른여섯 살의 내가 지하도로 사라지면 스물여덟 살의 나는 얼린 곰탕을 안고 지방에서 올라온 엄마를 데리러 고속버스 터미널로 달려갈 수 있지. 이런 일도 가능해. 마흔 살의 나는 스물일곱 살의 나와 면접장에서 마주칠 수 있어. 마땅한 자리가 없는데 수습 직원은 어떻겠나? 서른 곳 넘게 낙방한 스물일곱 살의 나는 뭐든 하겠다고 말할 수 있지. 회사 현관을 나올 때는 다리가 꺾일 수도 있어. 양복이 구겨질까 봐 종일 서 있었을지 모르거든. 희망퇴직 권고를 받은 마흔네 살의 나는 아파트 화단에 쪼그려 앉아 서른여섯 살의 나에게 전화할 수도 있어. 어차피 잘린다고. 후배들 보기에 창피하지 않느냐고. 이참에 때려치우고 하고 싶어 했던 공부를 해 보라고 조언할 수도 있지. 서른여섯 살의 나는 우리 라인의 부장이 다른 부서로 가는 바람에 일이 꼬였다고 변명할 수 있어. 외려 그 지경이 되도록 선배는 뭐 했느냐고 마흔네 살의 나를 타박할 수도 있지. 그래도 분이 풀리지 않으면 스물여덟 살의 나를 술집에 앉혀 놓고 술을 마실 수 있지.

김혜순의 시 〈내가 모든 등장인물인 그런 소설〉에는 어린 나와 늙은 내가 마주한다. 그 형식을 빌렸다. 오늘의 내가 어제의 나를 만나는 떨떨한 상상을 해 본다. 돌아보면 삶은 한 번도 쉽게 살아지지 않았다. 산다는 건 투쟁의 연속이다.

1838년 영국 박물학자 찰스 다윈(1809~1882)은 토머스 맬서스의 《인구론》을 접하고 무릎을 쳤다. 그를 괴롭히던 난제가 풀리는 순간이었다. 맬서스의 주장은 간명했다. "식량은 산술급수적으로 증가하지만 인구는 기하급수적으로 증가한다. 결국 식량 부족이 발생한다. 파국을 막으려면 빈민의 출산을 억제해야 한다."

다윈은 코끼리의 번식률을 계산해 보았다. 아득한 시원始原의 땅, 광막한 초원에 코끼리 한 쌍이 나타난다. 30살에 번식을 시작해 90살까지 암수 3마리씩 총 6마리의 새끼를 낳는다. 건강하게 태어난 새끼들은 다행히 별 탈 없이 성장해 어버이와 똑같은 과정을 반복한다. 그렇게 5백 년이 흐른다. 이제 코끼리 수는 1천5백만 마리에 달한다. 현실에선 불가능한 일이다.

다윈은 맬서스의 이론을 모든 동식물에 적용했다. 환경의 수용 능력을 초과하는 개체가 태어나면 한정된 자원을 두고 생존 경쟁이 벌어진다. 코끼리의 번식률을 계산하면서 다윈은 식량과 기후를 고려하지 않았던 것이다. 끊임없이 변화하는 생활 조건에 더 잘 적응한 개체는 생존 경쟁에서 살아남아 자신의 형질을 대물림한다. 다윈은 이러한 보존의 원리를 자연 선택Natural Selection이라 명명했다.

1859년 마침내 다윈은 《종의 기원》을 발표한다. 근대사를 뒤엎은 혁명적 저술의 탄생이었다. 발간 당일 초판 1250부가 동났다. 《종의 기원》은 총 14장으로 구성되어 있다. 이 책의 제3장은 국내선 '생존 경쟁'으로 번역된다. 원문은 Struggle For Existence. 직역하자면 '생존 경쟁'보다 '생존 투쟁'에 가깝다.

경쟁과 투쟁은 형편과 입장이 사뭇 다르다. 경쟁은 이기기 위해 겨루지만 투쟁은 살기 위해 겨룬다. 경쟁은 얻기 위해 싸우지만 투쟁은 잃지 않기 위해 싸운다. 투쟁은 차라리 몸부림이다. 다윈은 전권에 걸쳐 '경쟁Competition'이란 용어를 썼지만 제3장의 제목에는 '투쟁Struggle'을 붙였다. 자연 상태에서 생물들의 생존 경쟁이 얼마나 처절한지를 강조한 표현이 아니었을까. 《종의 기원》 초판에서 다윈은 경쟁을 82회, 투쟁을 98회 언급했다.

살아 있는 모든 것들은 생존을 위해 투쟁한다. 제 살을 뜯고 뿔을 깎고 발톱을 뽑아서라도 살아남으려 몸부림친다. 생명이 잉태되는 순간부터 숨을 거두는 순간까지 온통 투쟁이다. 인간도 예외는 아니다. 산다는 게 적이 고달픈 이유다.

이번 호에서는 이화여대 최재천 석좌 교수를 만났다. 나는 그와 세 번 만나 대담했다. 매번 깨닫는 바가 적지 않았지만 무엇보다 그동안 내가 다윈을 허투루 읽었음을 알았다. 흔히 적자생존이나 자연 도태로 알려진 다윈의 이론은 삶의 형태로 경쟁만을 제시하지 않았다. 포식과 기생, 그리고 공생도 입에 올렸다. 공생의 메커니즘을 상세히 기술하진 않았으나 개미에게 단물을 먹이는 진딧물의 본능을 관찰해 기록하기도 했다.

우리나라의 대표적인 진화생물학자 최재천 교수는 21세기의 새로운 인간상으로 '호모 심비우스Homo symbious'를 제안한다. 공생을 뜻하는 Symbiosis에서 착안해 만든 용어다. 최재천 교수는 말한다. 자연은 남을 해쳐야만 살아남을 수 있는 곳이 아니라고. 생물들이 서로 협력하도록 진화해 그렇지 않은 생물보다 잘사는 경우도 많다고. 나는 그런 생물이 어디 있느냐 물었고, 그는 꽃과 벌, 과실수와 과실을 따 먹고 멀리 가서 배설하는 동물을 이야기했다. 그의 오랜 연구 주제인 개미도 빠지지 않았다.

인간과 동물은 분명 다르다. 인간 사회와 동물 사회는 더욱이 다르다. 나는 여전히 산다는 것이 투쟁의 연속임을 믿는다. 다만 투쟁의 도구로 공생을 택할 여지를 얻었다. 그는 가르치지 않았다. 다만 넌지시 일깨웠다. 그와 함께 보낸 여름날에 나는 잠시나마 호모 사피엔스의 관점에서 벗어나 다른 종의 관점에서 나를 응시할 수 있었고, 숱한 호모 사피엔스들 중에서 나와 내 주변만 단속하던 나를 목도할 수 있었다. 물론 부덕한 소치로 깨우침은 오래가지 않았다. 내게 남은 숙제로 여겨진다.

모쪼록 최재천 교수의 삶과 철학을 통해 인간의 유래와 새로운 인간상, 그리고 살아 있는 것들에 대해 잠시 돌아볼 수 있기를 바란다. 그리고 그 지적 여정의 어딘가에서 그대의 존재 이유를 되찾으리라 믿는다. 취재를 마치고 서가를 정리하다가 나는 다시 다윈을 집어 들었다. 《인간의 유래》에 이런 대목이 있었다.

"나는 적을 괴롭히며 즐거워하고 엄청난 희생을 바치며 양심의 가책도 없이 유아를 살해하고 아내를 노예처럼 취급하며 예절이라고는 전혀 없고 천한 미신에 사로잡혀 있는 미개인에게서 내가 유래되었기를 바라지 않는다. 오히려 주인의 목숨을 구하려고 무서운 적에게 당당히 맞섰던 영웅적인 작은 원숭이나 산에서 내려와 사나운 개에게서 자신의 어린 동료를 구해 의기양양하게 사라진 늙은 개코원숭이에게서 내가 유래되었기를 바란다." **b**

ISSUE 5
JUL AUG 2015
CHOE JAE-CHUN

PORTRAITS

최재천의
활동상을 화보에
담았다

P.032

UNDERSTANDING

최재천은
진화론자다.
그를 읽기 전에
진화론의
기본 개념을
살펴본다

P.018

PREFACE

늙은 개코원숭이의
후예

P.012

IMPRESSION

진화생물학자
최재천의 첫인상을
그래픽 아트로
표현했다

P.004

**TALKS AND
TALES**

거리에서
사람들을 만났다.
최재천에 대한
다양한 생각을
들었다

P.030

B

BIOGRAPHY

최재천의 연대기를
실었다. 우리나라의
멸종 위기 동식물을
함께 소개한다

BIOGRAPHY

PERSONAL
HISTORY

E

ENCYCLOPEDIA

사회성 곤충인
개미에 대한 넓고
얕은 지식을
담았다

I

**IN-DEPTH
STORY**

최재천과
대담하고 그의
동료들을 인터뷰
했다. 그의 강연을
기록했다

INTERVIEW

STILL LIFES

COLLEAGUE

LECTURE

L

LETTER

파나마 열대림에서
아내에게 편지하다

C

CONSILIENCE

최재천은 학문의
통합을 말한다.
통섭에 대해
알아본다

W

**WALK IN THE
FOREST**

최재천은 열대
예찬론자다.
열대림에서 보낸
날들을 돌아본다

S

SAYING

최재천의
명문장을
모았다

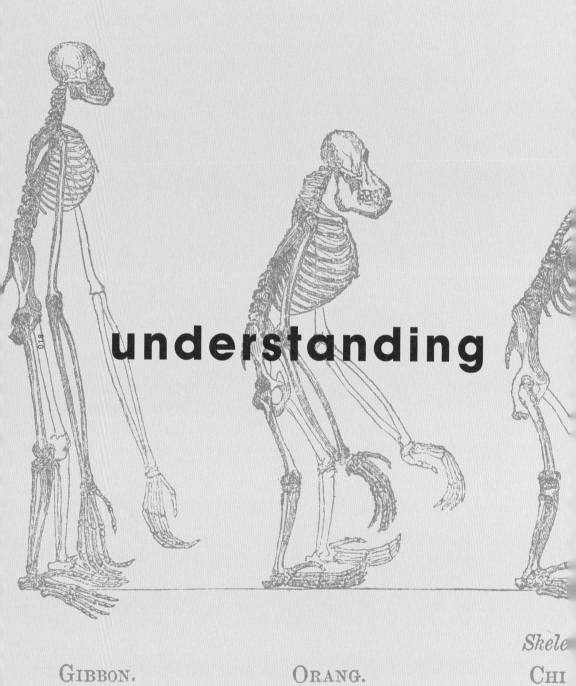

understanding

GIBBON.

ORANG.

Skele
Chi

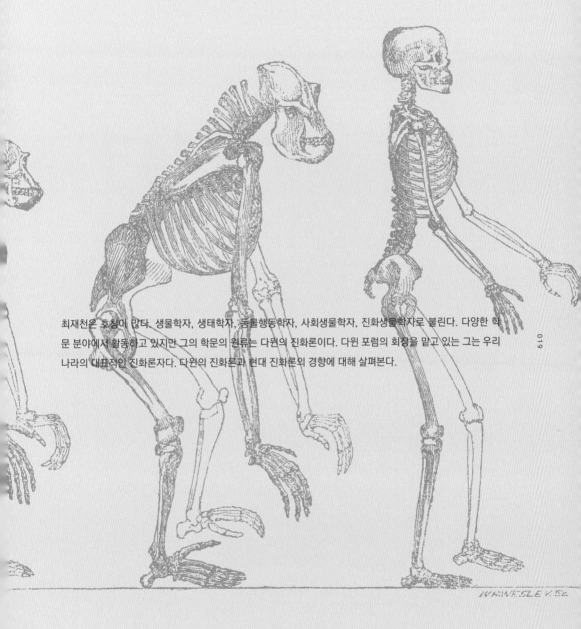

최재천은 호칭이 많다. 생물학자, 생태학자, 동물행동학자, 사회생물학자, 진화생물학자로 불린다. 다양한 학문 분야에서 활동하고 있지만 그의 학문의 원류는 다윈의 진화론이다. 다윈 포럼의 회장을 맡고 있는 그는 우리나라의 대표적인 진화론자다. 다윈의 진화론과 현대 진화론의 경향에 대해 살펴본다.

the

EE.   GORILLA.   MAN.

01

다원이 5년간 승선했던 비글호의 모습.
《*LIFE AND LETTERS OF CHARLES DARWIN*》, 1888.

찰스 로버트 다윈

1831년 영국 박물학자 찰스 로버트 다윈(1809~1882)은 해군 측량선 비글호에 올랐다. 5년간 남아메리카 해안과 갈라파고스 제도, 오스트레일리아, 남아프리카 등지를 탐사하고 돌아왔다. 갈라파고스 제도에서 다윈은 인접한 섬마다 방울새의 부리가 다르게 생겼다는 사실을 발견했다. 자연환경에 적합한 부리를 가진 종種만 살아남은 것이다.

1859년 마침내 다윈은 진화론을 증명할 자료를 모아 《종의 기원》을 펴냈다. 원제는 《자연 선택에 의한 종의 기원, 또는 생명을 향한 투쟁에서 유리한 종의 보존에 대하여》. 인류 역사상 가장 혁명적이고 논쟁적인 저술의 탄생이었다.

다윈을 풍자한 삽화,
《THE HORNET》, 1871.

다 윈 이 전 의 진 화 설

다윈 이전에도 진화설을 주장한 학자들은 많았다. 18세기 말 찰스 다윈의 조부 에라스무스 다
윈은 모든 생명의 기원이 동일할지 모른다고 추측했고, 19세기 초 프랑스의 라마르크는 많
이 사용한 기관이 발달해 다음 세대로 전해진다고 주장했다. 다윈의 업적이 위대한 이
유는 막연한 추측이나 가정이 아닌 과학적 근거를 통해 진화의 원리를 설명했기 때
문이다. 《종의 기원》은 출간되자마자 창조론이 지배하던 유럽 사회를 뒤흔들
었다. 다윈의 진화론은 종교계의 강력한 비난을 받았지만 진화론을
입증하는 연구 결과들이 나오면서 학계의 정설로 굳어졌다.
다윈 이후, 세상은 달라졌다.

육종을 통해 개량된 다양한 비둘기,
《*THE VARIATION OF ANIMALS AND PLANTS UNDER DOMESTICATION*》, 1875.

자연 선택의 원리

같은 종이라 해도 개체별로 형태와 행동이 조금씩 다르다. 한정된 자원을 놓고 개체들은 생존 경쟁을 벌인다. 자연환경에 더 잘 적응한 개체가 살아남아 다음 세대로 자신의 형질을 대물림한다. 이러한 조건들이 모두 충족되면 진화가 일어난다. 진화론은 '약육강식'으로 여겨지기도 하지만 정작 다윈은 그 용어를 쓰지 않았다. 다윈 진화론의 핵심은 종의 다양성이다. 개체마다 형질에 변이가 있기에 자연 선택을 통한 진화가 가능하다. 《종의 기원》의 한 대목이다. "지구 상에서 살아남는 종은 가장 강한 종도 아니고 가장 지적인 종도 아닌 환경 변화에 가장 잘 적응하는 종이다."

자연 환경에 따라 다르게 진화한 갈라파고스 방울새의 부리,
〈A NATURALIST'S VOYAGE ROUND THE WORLD〉, 1860.

04

변 이 가 없 으 면 진 화 도 없 다

개체 간 서로 다른 특성을 변이라고 한다. 변이는 여러 이유로 발생한다. 어버이의 생식 세포
를 절반씩 받으면서 나타나는 유전자 조합의 변화를 유전 변이라고 한다. 유전 변이 중 어
버이의 계통에 없던 새로운 형질이 생기는 변이를 돌연변이라고 한다. 개체가 태어난
후 유전자와 상관없이 환경에 의해 발생하는 변이를 환경 변이라고 한다. 환경 변
이는 자손으로 유전되지 않는다. 변이가 없으면 자연 선택도, 진화도 일어나
지 않는다. 환경은 끊임없이 변화한다. 유전적 변이가 풍부한 개체군
일수록 생존 경쟁에 유리하다. 최근 유행한 조류 독감과 구
제역은 다양성 부족에 대한 자연의 경고다.

다원이 생명의 진화를 생각하며 노트에 그린 생명의 나무

024

생명의 나무

다윈 이전의 진화론은 생물이 하등 동물에서 고등 동물로 단계별로 진화한다는 사다리 모형
이었다. 사다리의 꼭대기에는 인간이 있었다. 그러나 다윈은 필연적 발달의 법칙을 믿지 않
았다. 다윈은 나무가 가지를 치듯 생물이 진화한다는 생명의 나무 모형을 고안했다. 인
간을 포함한 모든 생명체는 제가끔 가지의 끝에 달린 진화의 최종 단계다. 고로 종
의 우열은 존재하지 않는다. 오랜 세대를 거쳐 변이가 축적되어 변종이 형성
되면 가지가 분화된다. 다윈에 따르면 인간과 침팬지의 조상은 같지
만 침팬지는 결코 인간이 될 수 없다. 600만 년 전에 서로
다른 가지로 갈라졌기 때문이다.

06

암컷에 비해 화려한 꿩과 조류의 수컷,
〈THE DESCENT OF MAN, AND SELECTION IN RELATION TO SEX〉, 1871.

성 선택의 원리

공작새 수컷의 꼬리는 길고 화려해 천적의 눈에 띄기 쉽다. 자연 선택론으로는 생존에 불리한
진화가 일어난 까닭을 설명하기 어려웠다. 《종의 기원》 출간 후 12년 만에 다윈은 《인간의
유래와 성 선택》을 통해 답을 제시했다. 수컷은 암컷의 선택을 받기 위해 암컷이 좋아하
는 방향으로 진화해 왔다는 것이다. 이른바 성 선택론이다. 공작새 수컷의 꼬리는
생존에 불리하지만 번식에 유리하기 때문에 형질이 대물림된다. 1975년 이
스라엘 동물학자 아모츠 자하비가 발표한 핸디캡 이론에 따르면 수
컷의 과도한 몸치장은 그럼에도 불구하고 살아남은 수컷의
유전적 우수성을 방증한다.

아라비아 오릭스, 수컷,
《THE DESCENT OF MAN, AND SELECTION IN RELATION TO SEX》, 1871.

수컷의 몸부림

다원의 성 선택론에 따르면 성의 선택권은 거의 대부분 암컷에게 있다. 수컷들은 암컷의 선택을 받기 위해 몸부림을 친다. 성 선택에는 두 가지 종류가 있다. 첫째는 암컷을 차지하려는 수컷들 사이의 경쟁이다. 사슴 수컷의 거대한 뿔은 암컷을 얻기 위해 수컷끼리 싸울 때 무기로 사용된다. 대부분의 동물에서 암컷보다 수컷의 몸집이 큰 이유도 여기에 있다. 둘째는 암컷의 선택을 받기 위해 관심을 끄는 방식이다. 앞서 소개한 공작새 수컷의 꼬리가 대표적이다. 매미와 귀뚜라미의 울음소리도 암컷을 유혹하기 위한 세레나데다. 암컷은 보다 활기차고 매력적인 수컷을 선택한다.

08

트리톤 크리스타투스. 위는 번식기의 수컷, 아래는 암컷이다.
《THE DESCENT OF MAN, AND SELECTION IN RELATION TO SEX》, 1871.

027

암 수 의 차 이

그렇다면 왜 항상 구애하는 쪽은 수컷일까. 이는 암수 간 생식 세포의 차이로 설명할 수 있다.
유성 생식은 암컷이 만든 난자와 수컷이 만든 정자가 결합해 새로운 개체를 만드는 방식이
다. 암컷은 크고 움직이지 않으며 영양분이 풍부한 소수의 난자를 만들지만, 수컷은 작
고 움직이며 영양분이 없는 다수의 정자를 만든다. 포유류의 경우 암컷은 임신과
출산에 몇 달이 걸리지만, 같은 기간 동안 수컷은 다른 암컷과 교미해 여러 번
번식할 수 있다. 수컷보다 새끼에 더 많이 투자하는 암컷은 번식 상대
를 고를 수밖에 없고, 희소 자원인 난자를 얻으려는 수컷은
구애할 수밖에 없다.

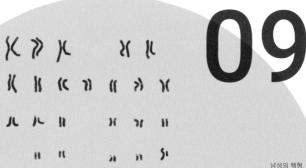

09

남성의 핵형,
NATIONAL HUMAN GENOME RESEARCH INSTITUTE

혈연 선택론

다윈도 풀지 못한 난제가 있었다. 그의 이론으론 동료를 위해 제 몸을 희생하는 벌과 개미의
이타성을 설명할 수 없었다. 1964년 영국 생물학자 윌리엄 해밀턴은 혈연 선택론을 내놓
았다. 해밀턴에 따르면 개미 사회에선 모녀(50%)보다 자매(75%)간의 유전적 연관이
높다. 따라서 스스로 번식해 자기 유전자의 50%를 남기는 것보다 여왕개미가 여
동생을 낳아 자기 유전자의 75%를 남기는 것이 유전자의 관점에선 더 유리
하다. 해밀턴의 이론을 쉽게 풀어 쓴 책이 바로 리처드 도킨스의《이
기적 유전자》다. 그에게 유기체란 유전자를 다음 세대로 옮
기는 유전자의 생존 기계다.

10

침팬지도 인간처럼 동료를 돕는 이타적 행동을 한다.
《THE EXPRESSION OF THE EMOTIONS IN MAN AND ANIMALS》, 1872.

호혜성 이타주의

인간이 곤경에 처한 생면부지의 타인을 돕듯 혈연이 아닌 사이에서 행해지는 이타적 행동도
있다. 1971년 미국 진화생물학자 로버트 트리버스는 〈호혜적 이타주의의 진화〉라는 논문
에서 이 문제를 다루었다. 트리버스는 인간을 비롯한 일부 동물들은 언젠가 보답을 받
으리라는 기대로 남을 돕는다고 주장했다. 실제로 흡혈박쥐는 피를 빨지 못한 개체
에게 피를 나누어 주고, 피를 얻어먹은 개체는 다음에 같은 방식으로 빚을 갚
는다. 현대 진화론은 유전자 선택론이 주류지만 개체나 집단에서 선
택이 가능하다는 다수준 선택론을 주장하는 학자도 있다.
《종의 기원》 이후 150년, 진화론도 진화한다. **b**

자연 과학에만 천착하지 않고 인문학과 더불어 소통하고 통합하는 분으로 알고 있다. 강연을 들은 적이 있는데 굉장히 재미있게 좋은 말씀을 많이 해 주셨다. 사회 과학을 공부하는 학생이라 자연 과학에 대한 이해가 떨어지고 관심도 적은 편인데 교수님께서 말씀하신 통섭을 통해 좀 더 쉽게 자연 과학에 다가설 수 있었다.
서효정, 서울시 서대문구, 23, 대학생

박학다식한 사람이다. 새로운 학문적 조류의 대중화에 기여했다. 그러나 생물학이라는 특수한 분야에서 얻은 지식에 보편성의 외피를 입히고자 과도하게 노력했다는 생각이 든다.
박영완, 서울시 영등포구, 44세, 미상

몇 권의 저서와 강연을 보았다. 말주변도 좋고 필력도 뛰어나 스타 과학자가 탄생했다는 느낌을 받았다. 최재천 교수의 연구 실적에 대해 상세히 알지 못해 확언할 수는 없지만, 그도 분명 고민이 있으리라 생각한다. 학자로서 묵묵히 연구해 학계에서 인정받고 싶은 욕구와 대중 과학자로서 인기를 누리고 싶은 욕구가 상충할 것이다. 대중적 인지도가 높아질수록 그를 냉대하는 선배, 동료 연구자들이 생길지도 모른다. 그러나 《코스모스》의 저자 칼 세이건처럼 흔들림 없이 과학의 대중화에 힘써 주기를 당부한다. **신용한, 경기도 부천시, 42세, 자영업**

생물과 인간과 사회의 연계적 사유와 관찰이 뛰어나다. 글을 읽어 봐도 차분하고 논리적이고 따뜻한 심성이 느껴진다. 자연에 대한 사회적 관심을 높이는 일을 계속하길 바란다. 통섭의 다음 단계인 융·복합이 필요한 시점이 아닌가 싶다.
오정윤, 서울시 중구, 53세, 교수

대중적인 글쓰기가 많아서 통섭의 진정한 의미를 못 살리고 있다는 생각이 든다. 통섭의 취지와 필요성에는 동의하지만 대학에서 기초 학문을 홀대하고 학과를 없애는 상황이라 힘들지 않을까. 돈이 되는 학문에만 치중하는 현실이 안타깝다
박수연, 서울시 마포구, 45세, 회사원

TALKS AND TALES

오늘날 학문의 경계가 뚜렷한 이유 중 하나는 고등학교 때부터 문과와 이과를 나누어 교육하기 때문이다. 최재천 교수가 이런 제도적 결함을 보완하기 위해 노력하는 것은 긍정적으로 평가하지만, 겉만 번지르르한 통섭으론 쉽지 않을 것이다. 생물학 등의 자연 과학이 인문학도 및 비전문가에게도 친근히 느껴질 수 있도록 더욱 노력해 주셨으면 한다.
이정원, 서울시 마포구, 22세, 대학생

최 교수의 저서를 여러 권 읽었다. 그가 쓴 신문 칼럼도 챙겨 읽는 편이다. 그의 글에는 재미와 정보, 교훈이 적절히 담겨 있다. 다만 한 가지 아쉬운 점은 보면 볼수록 새로운 내용이 별로 없다. 너무 많은 글을 써 왔기 때문일까. 유사한 내용이 반복되는 경우가 더러 있었다. 이야기보따리가 가벼워졌으면 잠시 쉬면서 다시 채워야 한다.
박찬용, 서울시 송파구, 37세, 미상

순수 과학자로 남아 주었으면 한다. 생물학은 의학보다 더 필요한 기초 학문이라 생각한다. 학창 시절부터 생물 교과가 중요하고 재미있는 과목이란 걸 일깨워야 우리나라 생물학 분야가 발전하지 않을까. **유정민, 서울시 중랑구, 49세, 미상**

최재천 교수는 대중 과학자다. 과학의 대중화에 기여했다는 점은 인정하지만 생물학자로서의 집필 능력은 부족하다고 생각한다. 통섭이란 개념 역시 우리나라에선 아직 이르다. 우리나라 생물학 분야가 발전하려면 보다 전문적인 서적이 많이 나와야 한다. 좀 더 꼼꼼한 글을 써 주었으면 하는 바람이다.
익명, 서울시, 35세, 출판 편집자

우리나라 생물학계의 연구 수준이나 전문성은 다른 나라에 뒤지지 않는다고 생각한다. 그러나 생물학의 중요성에 대한 일반인, 정치권의 관심과 이해도가 매우 떨어진다. 최재천 교수처럼 소통을 중시하는 생물학자가 많이 나와야 한다. 생물학자는 자연을 가장 가까이 들여다보며 그 안에서 삶의 교훈이나 인생의 진리 등을 깨달을 수 있는 멋진 직업이라 생각한다. **익명, 서울시 강서구, 27세, 이화여대 학생**

《손잡지 않고 살아남은 생명은 없다》에서 최재천 교수님은 조곤조곤하게 자신을 드러냈다. 이성적인 사고를 감미롭게 표현했다. 생명의 소중함과 시대의 흐름, 미래까지 말이다. '알면 사랑한다'는 말, 동감한다. 나와 내 주위의 소중한 사람들, 이 세상을 알고 싶고 사랑하고 싶다. 내 마음을 아셨는지, 교수님께서는 열린 마음, 넓은 시야로 사물을 관찰하고 세상을 보라는 조언을 해 주셨다. 교수님의 꿈과 바람이 꼭 이루어지기를 바란다.
네이버 아이디 nicol****

연구 논문을 잘 쓰는 것만이 과학자의 본분이 아닙니다. 대학 교수로서 강의를 잘하고 대중이 좋은 정보를 쉽게 얻어 갈 수 있도록 멋진 책을 저술하는 능력도 중요합니다. 세상에는 연구 논문을 잘 쓰는 과학자들보다 그런 멋진 책을 쓰는 능력을 가진 과학자가 훨씬 적습니다. 그 능력을 가진 최재천 교수는 복을 받은 분입니다.
생물학연구정보센터(BRIC) 소리마당, 아이디 아르****

《통섭의 식탁》은 생물학자 최재천 교수의 서평을 모은 책이다. 통섭을 외치는 저자라 그런지 지식의 각 분야들(사실은 경계가 있지도 않은 분야들)을 자유롭게 넘나든다. 그 와중에도 이 책을 관통하는 하나의 생각은 바로 자연에 대한 저자의 애정이다. 알면 사랑하게 된다고 강조하면서 정말로 자연에 대한 모든 것을 알려 주고 그 안의 사랑스러운 면을 소개해 주고 싶어 하는 마음이 그대로 느껴진다. 진화론에 관한 것은 더 공부해 봐야 알겠지만, 우리 인간이 지구에 얼마나 민폐를 끼치고 살아가는지에 대한 반성 정도는 수긍할 수밖에 없을 것 같다.
Tumblr 아이디 wisdom1****

《Secret Lives of Ants개미제국의 발견》의 가장 큰 장점은 개미의 물리적, 기술적 세부 묘사가 아니라 개미의 행동에 초점을 맞춘 것이다. 기술적인 부분은 독자가 내용을 명확히 파악할 수 있을 만큼만 설명했다. 184페이지의 간략한 책이지만 정보가 가득 축약되어 있다. 독자는 책을 통해 인간과 비슷한 개미의 행동들을 살펴볼 수 있다.
Amazon 아이디 monk****

《통섭적 인생의 권유》는 내가 처음으로 읽은 자연 과학에 관한 책이다. 통섭이라는 단어가 생소했지만, 글쓴이가 무엇을 이루고 싶은지 이해하니 그 간결한 단어에 공감이 갔다. 물론 아쉬운 부분도 없지 않았다. 정작 무엇을 주장하며 어떻게 문제를 해결할 수 있다는 것인지 알기 어려웠다. 하지만 자연 과학과 관련된 이야기가 생소한 사람, 새로운 분야에 도전하고 싶은 사람에겐 이 책을 추천하고 싶다.
네이버 아이디 je19**** b

031

BIOGRAPHY

biography

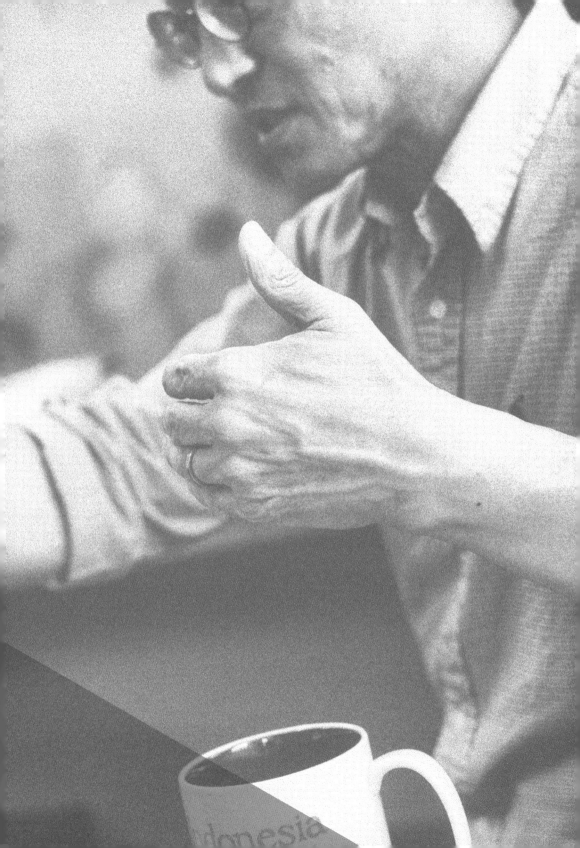

(01)

기차는 서울을 떠나 동해로 향한다. 경북 내륙을 거쳐 북쪽으로 머리를 돌린다. 이내 첩첩한 산중에 들어선다. 여남은 시간을 내달려 묵호역에 닿는다. 잠시 숨을 고르고 다시 속도를 올린다. 긴 터널을 지나면 문득 바다가 나타난다. 소년은 차창에 이마를 붙인다. 햇살이 와르르 쏟아지는 바다. 소년의 여름이 시작된다.

대관령 너머 강릉 시골집은 피안彼岸의 세계였다. 영서와 영동은 지척이되 고립되어 쉬이 오갈 수 없었다. 기어이 대관령을 넘으면 세상에서 가장 깊고 푸른 비밀의 화원이 나타났다. 대관령 저편엔 세상 너머의 세상이 있었다.

최재천은 1954년 강릉에서 4형제 중 맏이로 태어났다. 군인이던 아버지를 따라 여러 곳을 전전했지만 유독 강릉을 흠모했다. 평소엔 동생들을 잘 챙기다가 방학만 되면 태도가 표변했다. 강릉에 가야 했기 때문이다. 초등학교 3학년 때는 데려다줄 어른도 없는데 가겠다고 떼를 써서 그 먼 길을 혼자 갔다.

강릉 할아버지 댁에서 최재천은 삼촌들과 논병아리를 잡고 시골 아이들과 토끼 굴을 쑤셨다. 아침에 잡은 쇠똥구리를 온종일 쥐고 다녔고 초가지붕 속 새끼 쥐를 꺼내 주물럭댔다. 해가 들지 않는 깊은 계곡에서 물장구도 치고 민물고기도 잡았다. 겨울엔 논바닥 얼음에 퍼더앉아 썰매를 탔다. 최재천은 산과 들, 강과 계곡을 누비며 유년을 보냈다. 방학이 끝나고 서울에 와도 강릉을 떠올리는 날이 많았다. "우리 아들은 전생 촌놈이네." 어머니는 그렇게 말하곤 했다.

그 시절엔 하루해가 유난히 길었다. 동네 공터에서 망차기며 구슬치기를 실컷 하고 들어와도 바깥이 아직 훤했다. 최재천은 마루를 뒹굴다가 낡은 백과사전 한 권을 발견했다. 집에 있던 거의 유일한 읽을거리였다. 허구한 날 같은 책을 붙들고 아무 데나 펴고 읽었다. 놀기만 하던 맏아들이 독서에 재미를 붙이자 어머니는 12권짜리 세계 동화 전집을 할부로 사들였다. 최재천은 동화책을 읽으며 마음껏 상상했다. 자연을 뛰놀던 소년은 사유로 뛰노는 법을 차츰 익혀 나갔다.

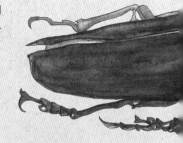

(02)

사색을 즐기던 소년은 시인이 되고 싶었다. 초등학교 3학년 때부터 습작 노트를 옆구리에 끼고 다녔다. 노들강변에 앉아 단짝은 노래를 부르고 최재천은 시를 썼다. 중학교에 입학해서는 교지에 동시를 실었다. 문예반에 가입하고 싶었지만 문예반 아이들이 쓴 시는 어른들의 작품처럼 세련되어 감히 엄두를 못 냈다. 최재천은 한국 단편 문학 선집을 읽으며 문학의 꿈을 조용히 키워 나갔다.

중학교 2학년 때 백일장에 나가는 아이들을 따라 경복궁에 갔다. 경회루가 보이는 잔디밭에 앉아 원고지 몇 장을 받았다. 두루마리가 풀리고 시제가 나타났다. '고궁'과 '낙엽' 중 최재천은 '낙엽'을 택했다. 동문인 장만영 시인이 심사를 맡았다. 최재천은 장원으로 뽑혔다. 전교생 앞에서 메달을 받았다. 그날 이후 그는 교내에서 시인으로 통했다. 최재천은 시인 될 운명을 의심하지 않았다.

백일장의 장원이 되면서 문예반 활동을 시작했다. 고등학생이 되어서도 문예반에 나갔지만 자신의 시가 부원들의 시보다 한참 못하다는 생각이 들었다. 부원들과 잘 어울리지도 못했다. 그러던 차에 조각가로 진로를 바꾸게 하는 사건이 일어난다. 고등학교 3학년 때 비누로 조각을 하는 숙제가 있었다. 최재천은 불상을 깎았다. 다음 날 미술 시간에 선생님이 만점을 주면서 미술반 가입을 권했다. 입시가 코앞인데다 문예반 활동까지 하고 있어 사양했다. 그러자 선생님이 되받았다. "네가 깎은 게 아니구나?" 직접 했다면 미술반에 들어와 입증하라고 했다. 최재천은 발끈해서 미술반에 들어갔다.

미술전이 목전이라 수업도 들어가지 않고 조각에 매달렸다. 석고상도 만들고 설치 미술품도 만들었다. 전시회 당일 서울대 미대 학장이던 김세중 화백이 들렀다. 최재천의 작품을 호평하자 미술 선생님이 거들었다. "선생님, 쟤 미대 보낼 테니까 받아 주셔야 합니다." 엉겁결에 미대로 진로가 정해졌지만 아버지를 설득할 수 없었다. 아버지는 의예과 진학을 명했고 최재천은 순순히 따랐다. 바짝 노력해서 성적을 올렸지만 정작 입시를 망쳤다. 1972년 1월 최재천은 서울대학교 의예과에 낙방했다.

장수하늘소 *Callipogon relictus* Semenov-Tian-Shansky, 1899 환경부 멸종위기 동식물 1급

동아시아 최대 크기의 하늘소다. 몸은 흑갈색이고 앞가슴등판 양옆이 톱날처럼 들쑥날쑥하다. 나무의 진을 빨아 먹으며 오래된 서어나무나 참나무가 있는 숲에 산다. 한국, 북한, 중국, 러시아에 분포한다.

대륙사슴 *Cervus nippon* Temminck 환경부 멸종위기 동식물 1급

사슴과 동물 중 대형으로 목과 등에 백색 반점이 있다. 수컷은
암컷보다 1.5배 크다. 산림 지대에 무리로 서식하며 풀, 나뭇잎,
이끼 등을 먹이로 한다. 한국과 중국 북동부 등지에 분포한다.

(03)

육군사관학교를 나온 아버지는 촉망받는 군인이었다. 육군 본부의 인사과장으로 있다가 1968년 포항제철이 생기면서 박태준 사장에게 발탁되어 예편했다. 군부의 위세가 막강하던 시절이었다. 아버지는 여러 경로를 통해 아들의 답안지를 확인했다. 수학 과목이 백지였다. 아버지는 아들을 정신과에 데리고 갔다. 제정신으론 낙방할 리 없는 아이였다. 의사는 아이를 이대로 방치하면 이상해질 수 있다며 휴양을 권했다. 아버지는 아들을 강릉으로 보냈다.

최재천은 강릉의 3월을 처음 보았다. 시골의 봄이 피어나는 순간을 목격했다. 그렇게 좋을 수가 없었다. 팍팍했던 서울 생활과 우울했던 입시 공부는 잠시 잊고 자연과 더불어 지냈다. 4월 말 아버지의 명으로 최재천은 다시 서울로 올라와 재수에 돌입했다. 그러나 공부할 의지가 조금도 없었다.

고등학교 동창들은 거의 대학에 진학했다. 녀석들은 위로랍시고 한 달에 한 번 재수 학원을 찾아왔다. 함께 당구장과 볼링장을 다녔다. 처음엔 입시를 핑계로 구경만 했지만 언제부턴가 게임에 합류했고 한두 달이 지나자 대학생 친구들보다 실력이 늘어 있었다. 음악다방에 앉아 팝송을 들으며 시간을 죽이는 날도 많았다. 디제이 형과 친해져 부스를 대신 맡기도 했다. 아침에 학원에 오면 창가 자리에 앉아 바깥을 내다보다가 오후 수업은 가방만 던져 놓고 나왔다. 당시 가장 좋아했던 일은 교외선 타기였다. 서울역에서 송추, 벽제를 지나 수도권을 한 바퀴 도는 열차가 있었다. 목적지 없이 열차를 타고 아무 데서나 내렸다. 그 시절엔 어디든 걸어서 10분 안에 좋은 개울이 있었다. 최재천은 개울에 발 담그고 망상을 즐겼다.

찬바람이 불기 시작하면서 다시 책상에 앉았다. 점수 따는 요령이 있어서인지 단기간에 점수를 제법 끌어올렸다. 마지막 배치 고사에선 의예과에 합격할 만한 점수를 받았다. 그러나 정작 입시에선 다시 낭패를 보았다. 최재천은 삼수를 원했지만 어머니와 아버지 모두 반대했다. 결국 최재천은 2지망이었던 서울대학교 동물학과에 입학한다. 2지망은 담임이 쓴 것이었다. 그나마 의예과와 가장 가까운 학과라는 이유에서였다.

(04)

가고 싶던 학과도 아니었고, 어디서 동물학을 전공한다고 말하기도 부끄러웠다. 학과 동기들도 사정은 비슷했다. 동물학을 공부하고 싶어서 동물학과에 입학한 친구들이 하나도 없었다. 미팅을 나가도 누가 전공을 물으면 기어들어가는 목소리로 말했다. 한번은 동물학과에 다닌다고 했더니 괴테와 헤르만 헤세, 토마스 만을 얘기하는 여학생이 있었다. 알고 보니 독문학과로 잘못 알아들은 것이었다. 최재천은 하는 수 없이 끝까지 독문학과 학생인 척했다.

학과 공부는 팽개치고 밖으로 나돌았다. 동물학을 전공해선 마땅한 진로가 없어 보였다. 말주변이 있으니 아나운서가 되어 볼까 하는 생각에 방송국을 찾아가 아나운서들을 만났다. 외교관은 어떨까 싶어 대사관들을 돌았다. 스페인 대사관에선 호의를 베풀어 하루 동안 스페인 대사를 수행하게 해 주었다. 연극하는 사람들을 얼마간 따라다닌 적도 있었다. 학내 독서 동아리와 사진 동아리의 회장을 맡기도 했다. 3학년 때는 얼결에 과대표가 되었고 학도호국단의 문예부장으로 선출되었다. 동아리에 과대표에 문예부장까지 하려니 정신없이 바빴다. 시험 치는 날도 모를 정도였다.

전공 수업 중에 그나마 관심을 기울인 건 영어로 진행되는 수업이었다. 3학년 때 미국 펜실베이니아 주립대학교의 김계중 교수가 풀브라이트 교환 교수로 서울대학교에 와서 동물학과 수업을 하게 되었다. 영어 강의를 했는데 국어와 영어에 뛰어났던 최재천은 더듬거리는 영어지만 질문도 곧잘 했다. 게다가 과대표까지 맡고 있으니 김계중 교수의 눈엔 천생 모범생이었다. 교환 교수 일정을 마치고 미국으로 돌아가면서 김계중 교수는 최재천에게 유학을 권유했다. 그러나 여기서도 하지 않는 공부를 미국까지 가서 할 이유는 없었다. 유학 얘기는 한 귀로 듣고 한 귀로 흘렸다.

4학년이 되면서 마지막 1년이라도 전공에 대해 좀 알아봐야겠다는 생각이 들었다. 동물학과 4학년생은 각자 연구실 배정을 받았다. 최재천은 발생학 실험실로 갔다. 모든 대외 활동을 중단하고 생물관 지하층의 구석 실험실에 처박혔다. 함께 어울리던 친구들이 최재천을 찾아다녔지만 허사였다.

크낙새 *Dryocopus javensis* (Horsfield, 1821) 환경부 멸종위기 동식물 1급

딱따구리과다. 가슴과 배는 희고 나머지는 검다. 수컷은 이마, 머리 꼭대기,
뒷머리, 뺨선이 붉다. 울창한 산림에 서식하며 큰 나무를 파 둥지로 삼는다.
딱정벌레목 유충을 주로 먹는다. 동아시아에 분포한다.

(05)

1976년 4월 서울대학교 관악 캠퍼스에 파란 눈의 노신사가 나타났다. 발생학 실험실을 찾아와 '자에 춘 초에'가 누구냐고 물었다. 학생들은 서로의 얼굴만 쳐다보았다. 노신사는 쪽지를 내밀었다. 'Jae Chun Choe'라고 적혀 있었다.

노교수는 미국 학회에서 김계중 교수를 만났단다. 한국에 채집을 간다고 했더니 좋은 조수를 소개해 주겠다며 최재천의 이름과 주소를 적어 준 것이었다. 최재천은 하루살이 연구의 대가 조지 에드먼즈 교수의 조수가 되어 일주일간 전국의 개울을 돌았다.

에드먼즈 교수에게 한국은 102번째 나라였다. 최재천이 방학마다 강릉에서 했던 놀이를 에드먼즈 교수는 업으로 삼고 있었다. 저렇게 먹고사는 방법도 있구나. 최재천은 감탄했다. "어떻게 하면 선생님처럼 될 수 있습니까?" 최재천이 묻자 에드먼즈 교수는 미국 유학을 권했다. 유학 준비 과정을 상세히 일러 주고, 생물학 분야의 저명한 대학과 거장들의 이름을 적어 주었다. 목록의 제일 위에는 '하버드대학교(에드워드 윌슨)'라고 적혀 있었다. 그날 최재천은 미국 유학을 결심했다.

광릉요강꽃 *Cypripedium japonicum* Thunb.
환경부 멸종위기 동식물 1급

높이 40cm까지 자라는 난초과의 여러해살이풀이다. 4~5월에 꽃이 피는데 흰 바탕에 붉은 자주색 주머니 모양이다. 한국, 중국, 일본에 분포하며 국내에는 강원도와 전라북도 일대에만 남아 있다.

(06)

유학을 가기 위해선 형편없는 학점부터 메꿔야 했다. 남은 두 학기 동안 최대한 많이 수강했다. 한 과목을 제외하고는 전부 A+를 받았다. 4년 평균 학점은 3.03. 만족스럽진 않지만 그래도 유학 원서를 내밀 정도는 되었다.

대학을 졸업하고 방위병으로 군 복무를 마쳤다. 그리고 서울대학교 생물학과 대학원에 진학해 유학을 준비했다. 대학원에 다니는 동안 발생학 실험실에서 쥐를 해부했다. 꼬리를 잡은 다음 목을 누르고 힘껏 잡아당겼다. 죽은 쥐의 배를 가르고 난소를 꺼냈다. 하루에 20마리씩 죽였다.

그러던 어느 날 한 마리를 놓쳤는데 찾을 수가 없었다. 다음 날 책상 밑에서 기어 나오는 녀석을 잡았다. 그런데 어찌된 일인지 죽일 수가 없었다. 벌벌 떠는 최재천을 보고 친구가 대신 목을 끊었다. 순간 최재천은 결심했다. '죽이는 일은 안 하고 싶다.' 최재천은 자연을 있는 그대로 연구하는 생태학을 공부하기로 했다.

유학 준비는 순조로웠다. 그런데 아버지를 설득하는 일이 쉽지 않았다. 최재천은 한 학기 등록금과 약간의 생활비를 지원해 주시면 나머지는 알아서 하겠다고 간청했다. 그러나 아버지는 단호히 거절했다. "내가 어디 돈을 쌓아 놓고 있는 줄 아느냐. 설사 돈이 있다 해도 자식 넷 중 하나를 공부시켜야 한다면 그게 네가 아니란 건 네가 더 잘 알지 않느냐." 최재천은 대구할 수 없었다. 최재천은 어머니를 붙잡고 늘어졌다. 자식 이기는 부모가 어디 있을까. 아버지는 끝내 허락했다. 포항제철에서 퇴직하면서 퇴직금을 받아 아들에게 유학 자금으로 건넸다.

최재천은 28곳의 대학에 원서를 보냈다. 그중 3곳에 합격했다. 펜실베이니아 주립대학교, 플로리다대학교, 뉴욕 주립대학교였다. 최재천은 플로리다대학교를 희망했지만 어머니는 김계중 교수가 있는 펜실베이니아 주립대학교에 가야 마음이 놓일 것 같다고 당부했다. 최재천은 어머니의 뜻을 따랐다.

김포 국제공항을 떠나는 날 그는 한없이 울었다. 이번에 미국으로 건너가면 언제 돌아올지 기약할 수 없었다. 1979년 최재천은 미국으로 떠났다.

산굴뚝나비 *Hipparchia autonoe* (Esper, 1783) 환경부 멸종위기 동식물 1급

흑갈색 날개의 윗면에 2개의 검은 뱀눈 모양 무늬가 있다. 5~9월에 볼
수 있다. 송이풀, 꿀풀 등에서 꿀을 빨아 먹고 바위에 자주 앉는다.
유라시아 동부에 분포하며 국내에서는 한라산에서만 볼 수 있다.

(07)

생태학을 전공하면 〈동물의 왕국〉처럼 정글에서 기린과 코뿔소를 관찰할 줄 알았다. 그런데
생태학은 정말 방대한 학문이었다. 심지어 수학을 이용해 생태계 현상을 해석하는 수리 생태
학이란 분야도 있었다. 최재천은 동물학과를 나왔지만 아는 것이 별로 없었다. 대학원 수업은
물론이고 학부 수업까지 들으며 밀린 공부를 따라잡았다. 공부를 할수록 플로리다대학교로
갔어야 했다는 생각이 들었다. 그곳에선 〈동물의 왕국〉을 할 수 있을 텐데. 최재천은 빨리 석
사를 마치고 박사 과정은 다른 대학에서 하기로 마음먹었다.
미국에서 살아남으려면 영어부터 정복해야 했다. 미국 친구에게 어법과 발음을 배우고 계속
중얼거렸다. 펜실베이니아 주립대학교는 미식축구 명문이었다. 시합이 있는 토요일이면 온
도시가 술독에 빠졌다. 최재천은 토요일마다 술집에 가서 맥주 한 잔을 들고 모르는 사람들과
말을 섞었다. 되는대로 마구 얘기했다. 반년 뒤 그는 딴사람이 되어 있었다. 한번은 처음 만난
미국인이 최재천에게 물었다. "혹시 남부에서 왔어요?" 영어를 가르쳐 준 미국 친구가 남부
출신이었다. 이제 영어는 이만하면 되었다고 생각했다.

(08)

최재천은 석사 학위 논문 주제로 〈알래스카 바닷새의 체외 기생충 군집 생태학〉을 택했다. 김계중 교수가 알래스카 바닷새의 가죽을 모두 가지고 있다며 한번 해 보는 것이 어떻겠냐고 제안했다. 가죽이 준비되어 있으니 석사 학위 논문이 금방 될 것 같았다. 최재천은 덥석 하겠다고 했다.

곤충학과 건물 다락방에서 냉동한 새의 깃털과 가죽을 끓였다. 기생충이 둥둥 떠오르면 채로 걸러 현미경으로 관찰했다. 멀리까지 고약한 냄새가 진동했다. 냉동고 안의 새들이 떨어질 즈음 김계중 교수는 알래스카를 다녀와 새로운 새들을 잡아넣었다. 예상을 훌쩍 뛰어넘어 석사 논문을 쓰는 데 3년이 걸렸다. 박사 논문에 준하는 방대한 양이었다.

논문 심사 위원들은 논문의 수준을 높이 평가했다. 수강 목록을 보더니 '해충구제학' 한 과목만 들으면 박사 학위를 주겠다고 했다. 좀처럼 보기 드문 기회였지만 기생충 연구로 박사 학위를 받고 싶지 않았다. 한시라도 빨리 하고 싶은 공부, 〈동물의 왕국〉을 하러 떠나고 싶었다. 최재천은 언하에 거절했다.

[001]

1981년 최재천은 펜실베이니아 주립대학교 한인 유학생 모임에서 만난 아내와 결혼했다. 이듬해 결혼 1주년을 맞아 보스턴을 찾았다. 여행도 여행이지만 다른 목적도 있었다. 보스턴 여행을 계획하며 최재천은 사회생물학의 창시자인 하버드대학교 에드워드 윌슨 교수에게 만나 뵙고 싶다고 편지했다. 원체 바쁜 학자라 크게 기대하지 않았지만 그러겠노라는 답장이 왔다. 최재천은 보스턴까지 차를 몰았다. 하버드대학교에 도착해서 윌슨 교수의 연구실에 들어섰다. 윌슨 교수는 반갑게 맞이하면서 별안간 교수 회의가 잡혀 15분밖에 시간이 없다고 했다. 윌슨 교수는 한국 정세가 어떠한지 따위를 물었다. 겉도는 얘기가 한참 이어졌다. 남은 시간이 얼마 없었다. 최재천은 용기를 내어 말했다.

"박사 학위 연구 주제로 민벌레의 사회성 진화를 택하려고 합니다."

문득 윌슨 교수의 눈빛이 달라졌다. 민벌레는 윌슨 교수가 학부생 시절에 처음 쓴 논문의 주제였다.

그때부터 두 시간 동안 열띤 대화가 오갔다. 애당초 교수 회의는 없었다. 15분 이상 대화할 가치가 있는 사람인지 알아보기 위해 부러 그렇게 말한 것이었다. 윌슨 교수는 보스턴대학교에 지원해 보라고 했지만 최재천은 윌슨 교수가 있기에 하버드에 지원하려는 것이라 못 박았다. 윌슨 교수는 가만히 고개를 끄덕였다. 그로부터 1년 뒤인 1983년 최재천은 하버드대학교에 입학해 윌슨 교수의 제자가 된다. 10년 전 에드먼즈 교수가 써 준 쪽지의 제일 위에 있는 대학과 지도 교수였다.

사실 정말 가고 싶었던 대학은 따로 있었다. 미시간대학교에는 다윈 이후 최고의 생물학자라는 윌리엄 해밀턴 교수가 있었다. 최재천은 해밀턴 교수의 댁에 닷새 동안 머물며 그 꿈을 거의 이루는 듯했다. 그러나 해밀턴 교수가 갑자기 영국 옥스퍼드대학교로 가게 되었다. 당시 영국 경제는 불황이었고 영국 대학은 미국처럼 장학금을 넉넉히 주지 않았다. 학생 부부가 생활하기엔 무리였다. 하버드대학교에 입학한 최재천은 기숙사 사감을 하며 생활비를 충당했다.

풍란 *Neofinetia falcata* (Thunb.) Hu 환경부 멸종위기 동식물 1급

여러해살이풀로 잎들이 V자형으로 마주해 구부러졌다. 여름에 하얀 꽃이
피고 꽃 뒤로 기다란 꽃뿔이 난다. 습하고 통풍이 좋은 곳에서 자란다.
제주도 성산 일출봉, 전라남도 진도와 고흥 등에 서식한다.

(10)

1984년 최재천은 코스타리카 열대림에서 열리는 열대생물학 수업에 지원해 합격했다. 10주
동안 열대림에 머물게 되었다. 어려서부터 그토록 바라던 〈동물의 왕국〉이 실현되는 순간이
었다. 타잔 영화나 다큐멘터리에서 보던 열대림에 간다는 사실이 좀처럼 실감 나지 않았다.
코스타리카로 가는 직항 노선이 없던 시절이었다. 보스턴에서 마이애미를 거쳐 파나마로 갔
다. 파나마에서 다시 비행기를 갈아타고 코스타리카의 수도 산호세로 건너갔다. 산호세에서
버스를 타고 온종일 비포장도로를 달렸다. 폭우로 다리가 떠내려간 곳에선 버스에서 내려 강
물을 건넜다. 천지 사방이 새롭고 신기했다. 마침내 정글에 있는 열대 연구소에 도착했지만 본
격적인 활동은 다음 날부터였다. 최재천은 잠시도 기다릴 수 없었다. 서둘러 짐을 부리고 정글
에 들어섰다. '여기에 오기 위해 이제껏 이렇게 고생했나 보다.' 가슴이 씻겨 내려가는 기분이
었다. 1984년 정글에 첫발을 디딘 이래 박사 학위를 받은 1990년까지 최재천은 거의 매년
열대림에 갔다. 길게는 6개월 동안 머문 적도 있다.

최재천은 박사 학위 논문 주제로 민벌레를 택했다. 벌과 개미 같은 사회성 곤충들이 이타적 행
동을 하는 이유를 해밀턴 교수는 혈연 선택론으로 설명했다. 그런데 해밀턴 교수의 이론으론
이배체 곤충인 흰개미의 협동을 설명할 수 없었다. 흰개미는 몸이 흰 개미가 아니다. 분류학적
으로 개미는 벌목 개미과, 흰개미는 바퀴목 흰개미과다. 흰개미는 개미나 꿀벌처럼 이미 진화
가 된 종이었다. 흰개미가 사회적 곤충이 된 이유를 밝히기 위해 진화의 중단 단계인 민벌레
를 연구하기로 한 것이다.

민벌레만 연구하기엔 정글은 너무나 매력적인 곳이었다. 민벌레를 관찰하다 말
고 자꾸 한눈을 팔았다. 아즈텍개미를 관찰해 다른 종 사이의 협력을 발견
하기도 했다. 연구 논문이 계속 늘었지만 정작 학위 논문은 진척이
더뎠다. 1990년 5월 하버드대학교 입학 7년 만에 최재천은
〈민벌레의 진화생물학〉으로 박사 학위를 받는다.

저어새 *Platalea minor* Temminck & Schlegel, 1849
환경부 멸종위기 동식물 1급

몸은 흰색이고 다리와 부리가 검다. 긴 주걱 모양의 부리가
특징이다. 번식기엔 머리에 장식깃이 생긴다. 갯벌, 농경지
등지에 서식하며 작은 물고기를 먹는다. 한국, 일본, 대만,
베트남, 필리핀 등지에 분포한다.

THE ORIGIN

BY MEANS OF N

(11)

최재천은 박사 학위를 받고 2년간 하버드대학교에서 전임 강사를 지냈다. 1992년 봄 학기엔 터프츠대학교에 초빙 조교수로 갔다. 그리고 그해 9월 미시간대학교에 조교수로 부임했다. 생태학과 진화생물학 분야에선 하버드보다 더 강하다는 자부심을 가지고 있는 대학이다. 박사 과정을 하려던 대학에 교수로 부임하니 만감이 교차했다.

미시간대학교는 명예 교우회 제도를 운영했다. 여러 분야의 학자들이 한데 어울리는 일종의 지식 공동체다. 명예 교우회 일원이 되면 3년간 하고 싶은 연구를 마음껏 할 수 있었다. 최재

PRESERVATION OF FAVOU

FO

OF SPECIES

URAL SELECTION,

HE

천은 명예 교우회의 주니어 펠로우로 선임되었다. 박사 학위를 갓 취득한 신진 학자들 중 단 네 명을 뽑는 자리였다.

미시간대학교 명예 교우회에서 최재천은 통섭의 세례를 받는다. 매주 수요일이면 주니어 펠로우들끼리 모여 별별 주제를 논했다. 철학자가 던진 질문에 생물학자가 답하고 영문학자가 보충하는 식이다. 그야말로 통섭, 그 자체였다. 그들은 점심에 만나 밤에 헤어지기 일쑤였다. 3년간 200회가 넘는 토론은 최재천 학문의 주춧돌이 되었다.

RACES IN THE STRUGGLE

IFE.

(12)

미시간에서의 생활에 익숙해지기도 전에 서울대학교에서 교수직을 제안했다. 최재천은 한국에 잠시 들러 논의했다. 그때 어머니의 건강이 좋지 않음을 알았다. 미국에 있을 땐 전혀 몰랐다. 어머니는 멀리 있는 장남이 걱정할까 염려해 애써 감추었다. 동생들에게도 입단속을 시켰다. 최재천은 마음이 흔들렸다. 비겁한 생각도 들었다. 미국 대학에서 교수로 살아남는 게 쉬운 일은 아니었다. 가정을 돌볼 겨를도 없이 학문에만 열중해야 정교수가 될 수 있었다. 최재천은 가정을 무너뜨리면서까지 연구할 자신이 없었다.

결국 최재천은 하던 연구를 끝내고 1년 뒤에 가겠다고 답했다. 그리고 1년이 지났다. 다시 한학기만 더 기다려 달라고 했다. 그러자 서울대 부총장이 전화를 걸어 왔다. "서울대 교수를 하실 마음이 없으신 것 같으니 없었던 일로 합시다." 최재천은 곧바로 미국 생활을 정리하고 귀국했다. 1994년 최재천은 서울대학교 생물학과 조교수로 부임한다.

한동안 국내 대학의 권위적인 분위기에 적응하느라 애를 먹었다. 한번은 청바지에 티셔츠 차림으로 학교에 나오자 학생처럼 옷을 입어서 되겠냐고 나무라는 선배 교수도 있었다. 최재천은 전국을 돌며 시간 강사를 하는 아내를 대신해 육아를 맡았다. 보육원에 아이를 데리러 가야하는데 갑자기 교수 회의가 잡히기도 했다. 그럴 때마다 별수 없이 아이에게 갔다. 그럴 거면 집에서 애나 보라는 얘기가 들렸다.

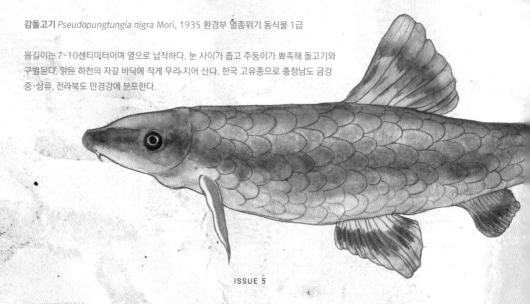

감돌고기 *Pseudopungtungia nigra* Mori, 1935 환경부 멸종위기 동식물 1급

몸길이는 7~10센티미터이며 옆으로 납작하다. 눈 사이가 좁고 주둥이가 뾰족해 돌고기와 구별된다. 맑은 하천의 자갈 바닥에 작게 무리 지어 산다. 한국 고유종으로 충청남도 금강 중·상류, 전라북도 만경강에 분포한다.

(13)

1990년대 중반만 해도 생태학이나 진화생물학 같은 큰 생물학을 강의하는 교수가 많지 않았다. 생물학이라고 하면 흰 가운을 입고 실험실에서 현미경을 들여다보는 광경을 떠올리기 쉽지만, 큰 생물학 전공자들은 야외로 나가 있는 그대로의 생태를 관찰한다. 그러다 보니 최재천의 연구실엔 늘 학생들이 붐볐다. 학생들은 연구실을 찾아와서는 대뜸 고래를, 기린을, 침팬지를, 개미를 연구하고 싶다고 말했다. 〈동물의 왕국〉을 꿈꾸는 전국의 학생들이 최재천의 연구실로 몰려들었다.

어느 순간 '내가 왜 한국에 돌아왔나' 하는 회의도 들었다. 최재천은 많은 밤을 고민했다. 그리고 자신을 버리기로 했다. 자신이 하고 싶은 연구는 접어 두고 학생들이 하고 싶은 연구를 다 해 보기로 했다. 그렇게 연구 주제를 하나씩 늘리다 보니 어느새 연구하고 있는 동물만 일고여덟 종이 되었다. 학생들이야 본인이 택한 동물만 연구하면 되지만 학생들을 지도해야 하는 최재천은 모든 동물을 함께 연구해야 했다. 읽어야 할 자료가 산더미였다. 더는 감당할 수 없을 정도로 내몰리자 최재천은 까치팀, 곤충팀, 이런 식으로 연구 주제를 묶기 시작했다. 그제야 머릿속이 어느 정도 정리되었다.

그러던 어느 날 이화여대에서 교수 제의를 했다. '에코과학부'라는 새로운 학부를 만들어 큰 생물학을 대폭 지원하겠다면서 최재천이 교수를 세 명까지 직접 뽑을 수 있도록 하겠다고 했다. 두 번, 세 번 얘기하다 이화여대의 제안에 마음이 움직였다. 2006년 최재천은 이화여대 자연과학대학 생명과학 전공 석좌 교수로 부임한다.

최재천은 이화여대에 부임한 뒤 자신의 연구실을 '통섭원'으로 만들어 개방했다. 미시간대학교에서 경험한 수요 모임처럼 다양한 학문이 교류하고 소통하는 공간이 되기를 바랐다. 연구실의 문턱을 낮춰 다른 대학 교수는 물론 학생과 일반인도 자유로이 드나들게 했다. 현재까지 그 시도는 어느 정도 성과를 거둔 것으로 보인다. 통섭원에선 누구나 원하는 책을 빌려 가고, 누구나 참여할 수 있는 세미나가 수시로 열린다. 그야말로 학문의 사랑방 역할을 톡톡히 하고 있다. 통섭원은 최재천의 연구실이 아니라 공동의 연구 공간이다. 이화여대 종합 과학관에는 누구나 드나들 수 있는 지식의 숲이 있다.

(14)

2004년 12월 9일 헌법재판소 대심판정에서는 호주제 위헌 여부를 가리는 마지막 공개 변론
이 열렸다. 헌법재판소는 생물학자 최재천에게 호주제에 대한 과학적 근거를 제시해 달라고
요청했다. 참고인 최재천은 대심판정에 스크린을 설치하고 재판관들에게 강연하듯 말했다.
"호주제는 생물학적이지 못한 제도입니다. 인간처럼 유성 생식을 하는 생물은 난자와 정자가
결합하는 수정 과정을 거쳐 태어납니다. 이때 여성은 남성처럼 유전자의 절반뿐 아니라 미토
콘드리아라는 기관에서 별도의 유전자를 제공하므로 유전 물질만 비교해도 암컷의 기여도가
더 크다고 할 수 있습니다. 저는 개인적으로 호주제 폐지에 남성들도 환영해야 한다고 생각합
니다. 유독 우리나라의 40~50대 남성 사망률이 다른 나라보다 높습니다. 우리나라 남성들은
가부장의 멍에를 어쩌지 못해 무거운 짐을 혼자 짊어지려 합니다. 허울뿐인 가부장 계급을 떼
어 내면 편해지는 건 남성입니다."
그로부터 2주 뒤 호주제는 위헌 판정이 난다. 한동안 최재천의 연구실엔 남성들의 항의 전화
가 빗발쳤다. 한편 여성계는 환호했다. 호주제 폐지에 기여한 공로로 최재천은 남성 최초로
'올해의 여성운동상'을 받는다.
사회생물학이란 인간을 포함한 모든 생물의 사회성을 연구하는 학문이다. 그래서인지 최재천
은 사회 문제에 적극 참여하는 생물학자로 유명하다. 김대중 정부 시절 동강댐 건설을 막기 위
해 대통령에게 편지를 보내 댐 건설 백지화를 이끌어 냈고, 이명박 정부 때는 정부의 역점 사
업이던 4대강 사업에 반대했다. 환경운동연합의 공동 대표를 지냈고, 국내 최초로 동물원의

수원청개구리 *Hyla suweonensis* Kuramoto, 1980
환경부 멸종위기 동식물 1급

청개구리와 생김새가 비슷하나 크기가 더 작고
목 부분에 노란 무늬가 있다. 금속성 저음을 내며
발가락 빨판이 발달해 나뭇잎에 잘 붙는다.
우리나라 고유종으로 수원에 서식한다.

돌고래를 바다에 방류한 '제돌이 야생 방류를 위한 서울시 시민위원회'의 위원장을 맡기도 했다. 2013년엔 침팬지 연구로 유명한 세계적 동물학자 제인 구달과 함께 생명다양성재단을 설립해 동물 보호와 환경 보전을 위한 교육과 풀뿌리 환경 운동을 펼쳐 왔다.

최재천은 우리나라에서 흔치 않은 글 잘 쓰는 과학자다. 그는 성공한 과학자가 되려면 문학적 감수성이 있어야 한다고 입버릇처럼 말한다. 《네이처Nature》나 《사이언스Science》 같은 세계적 학술지에 논문을 실으려면 독자들의 관심을 끌 수 있는 기막힌 문장이 필요하다는 주장이다. 실제로 미국 명문 대학에서 글쓰기는 교양 필수 과목에 속한다. 전업 작가가 아니어도 이제는 수준 높은 글쓰기가 필수인 시대다.

일찍부터 간결하고 정확하고 우아한 글쓰기를 추구한 최재천은 언론 기고와 저술을 통해 사회생물학을 대중에게 널리 알려 왔다. 귀국한 뒤 처음 우리말로 쓴 책 《개미제국의 발견》은 6만 부가 팔렸다. 자연 과학 서적으론 유례를 찾기 힘든 일이다. 그의 글은 자연 과학에 대한 폭넓은 지식을 제공할 뿐 아니라 시적인 표현으로 가득해 인기가 높다. 국어 교과서에도 그의 작품이 수록되어 있다. 최재천은 일련의 활동들을 과학의 대중화가 아닌 대중의 과학화라고 말한다. 알기 쉬운 정보만을 전달하는 과학의 저질화는 지양하고, 국민 다수가 과학적 마인드를 갖게 하겠다는 취지다.

2005년 최재천은 에드워드 윌슨의 《통섭Consilience》을 국내에 소개해 통섭이란 화두를 던졌다. 스티브 잡스가 기술과 인문학을 결합해 진보를 이루었듯 학문 간 경계를 뛰어넘어 대통합을 이루자는 얘기다. 윌슨 교수의 제자인 최재천은 적확한 우리말 단어를 찾기 위해 국어사전을 끼고 살았다. 그러다 1년 만에 통統(큰 줄기)과 섭攝(잡다)을 합해 '통섭'을 만들었다.

통섭학자답게 최재천은 자연 과학과 인문학의 접점에 있는 책들을 다수 펴냈다. 1999년 《인간은 왜 병에 걸리는가》를 번역해 국내에 다윈 의학을 소개했다. 2005년 《당신의 인생을 이모작하라》를 출간해 고령 사회를 맞아 우리 인생을 번식기와 번식 후기로 나누어 두 인생을 살자고 제안했다. 2011년에는 《호모 심비우스》를 발간해 다른 생물들과 공생할 것을 요구했다. 최재천에게 학문은 이론과 실천의 통합이다.

(15)

2013년 10월 최재천은 국립생태원 초대 원장에 임명되었다. 충청남도 서천에 위치한 국립
생태원은 우리나라 생태계를 비롯해 열대, 사막, 지중해, 온대, 극지 등 세계 5대 기후와 그곳
에 서식하는 동식물을 관찰하고 체험할 수 있는 생태 연구, 전시, 교육 공간이다. 《어린 왕자》
에 나오는 바오바브나무도 만날 수 있다. 개원 1년 만에 관람객 1백만 명을 돌파했다. 그사이
많은 일들이 있었다. 최재천의 초청으로 제인 구달 박사를 비롯한 세계의 석학들이 국립생태
원을 찾았다. 전 국민을 대상으로 생태 교육을 실시했고, 우리 꽃 이야기, 북극 생태 사진전,
오케스트라 공연 등 자연과 문화가 어우러지는 이벤트를 연중 개최했다. 얼마 전부터는 개미
세계탐험전을 열고 있다.

최재천은 이따금씩 생각한다. 어떻게 하다가 여기까지 흘러왔을까. 그럴 때면 사는 게 참 신기
하다. 예전엔 모든 게 불투명했다. 미래에 대한 확신 없이 좌충우돌했다. 그러다 어느 순간 미
래가 보이기 시작했다. 그리고 그 길을 충실히 걸었다. 오랜 벗들을 만나면 두 부류로 나뉜다.
하나는 최재천의 모습을 '못 믿겠다'는 부류, 또 하나 역시 '못 믿겠다'는 부류다.

최재천의 삶엔 어느 순간 너무나 명확한 선이 그어졌다. 그 선을 넘기 전 그를 만난 사람들은
그가 뭔가를 이루어 내는 삶을 사는 걸 보면서 '사람이 저리 변할 수도 있구나.' 하고 느낀다.
선을 넘은 뒤 그를 만난 사람들은 가끔씩 무너지기도 하는 그를 보고 '저이에게 저런 모습도
있구나.' 하고 생각한다. 모든 것이 완벽한 사람 또는 말썽만 부리는 사람. 최재천은 스스로 생
각해도 참 재미있는 인생을 살았다고 생각한다. 고대 그리스 철학자 데모크리토스는 말했다.
"우주에 존재하는 모든 것은 우연과 필연의 열매다." 생물학자 최재천의 인생도 수많은 우연
과 필연으로 엮여 있다.

1970년대 후반 최재천은 미국 유학을 준비할 때 자기소개서에 이렇게 썼다.

"나는 일찍이 생명을 글로 표현하고 싶었다. 어려서 나는 이담에 크면 시인이 될 줄 알았다. 그
러다 어느 날부턴가 나는 생명의 모습을 깎아보고 싶어졌다. 조각가가 되고 싶어 한 시절이 있
었다. 하지만 나는 이제 과학자가 되어 생명의 속살을 파헤쳐보고 싶다. 생명의 본질을 연구하
는 생물학자가 되고 싶다." **b**

붉은박쥐 *Myotis formosus* (Hodgson, 1835) 환경부 멸종위기 동식물 1급

몸털과 날개 일부, 귀가 주황색이다. 야행성으로 동굴에서 생활하고
겨울에는 동면한다. 여름에는 고목이나 신림에서 쉬기도 한다.
곤충을 주로 먹는다. 한국, 일본, 대만, 필리핀 등지에 분포한다.

PERSONAL HISTORY

2008 이화여자대학교 학술원 석좌 교수, 기후변화센터 공동 대표

2002 한·일 국제환경상 수상

2005 《통섭》(공역), 《대담 - 인문학과 자연과학이 만나다》(공저), 《당신의 인생을 이모작하라》 출간

《과학, 인문으로 premises 옳》 출간, 국제 학술지 《진화심리학》 편집 위원

1992 미시간대학교 조교수, 미시간대학교 명예교우회 주니어 펠로우 선정

1990 하버드대학교 대학원에서 생물학 박사 학위 받음

1986 하버드대학교 대학원에서 생물학 박사 학위 받음, 〈민벌레의 진화생물학〉

1979 펜실베이니아 주립대학교 대학원 생태학부 입...

1982 펜실베이니아 주립대학교 대학원 생태학부 졸업

1972 경복고등학교 졸업

1966 교동초등학교 졸업

2007 이화여자대학교 에코과학부 석좌 교수, 환경운동연합 공동 대표, 환경정의 최종 심사위원

2001 한국생태학회 회장, 국제학술지 《행동생태학》 편집위원

065

2009 대통령 직속 사회통합위원회 민간 위원.

2013 생명다양성재단 설립. 대통령 소속 국민대통합위원회 민간 위원. 국립생태원 초대 원장

2003 《여성시대에는 남자도 화장을 한다》 출간

2006 이화여자대학교 자연과학대학 에코과학부(행동생태학과 사회생물학) 부문 편성

1994 서울대학교 자연과학대학 생물학부 교수

2004 올해의 여성과학자. 국제 학술지 《곤충행동저널》 편집 위원

2011 《열대예찬》,《호모 심비우스》

1977 서울대학교

1981 최재천(이화여자대학교)

1983 하버드대학교 대학원 입학

1990 하버드대학교 전임 강사

1989 아들이 태어나며, 미국중앙학회

1992 터프츠대학교

1954 강원도 강릉에서 4남매 중

1969 경복중학교 입학

1984

2000 대한민국

2012 《Secret Lives of Ants》

CHOE JAE-CHUN

walk in the forest

*

비행기에 몸을 싣는다. 흑백 타잔 영화를 보며 천연색 꿈을 꾸던 시절이 있었다. 20여 년이 흐른 지난봄에야 코스타리카 열대생물학 수업에 입학 허가를 받았다. 뛰는 가슴을 쓸며 남은 날을 세었다. 이제 몇 시간 뒤면 꿈에 그리던 열대림이 눈앞에 펼쳐지리라.

*

발아래 숲은 더운 김을 뿜었다. 코끝엔 냉랭한 습기가 스쳤다. 우듬지에 앉은 흰얼굴꼬리말원숭이 가족은 기성奇聲을 지르며 '털 없는 원숭이'의 출현을 알렸다. 최재천은 재빨리 쌍안경을 꺼내 원숭이들의 일거일동을 관찰했다. 시간이 얼마나 흘렀을까. 달라진 공기를 알아차렸을 땐 어둠이 깔린 뒤였다. 공포를 느낄 겨를도 없이 하늘이 뚫렸다. 폭포처럼 쏟아지는 빗줄기. 순식간에 속옷이 흠뻑 젖었다. 두 팔을 벌리고 내리는 비에 몸을 맡겼다. 온몸의 족쇄가 풀리는 기분이다. 파나마 운하 한복판의 바로콜로라도 섬Barro Colorado Island, 정글이 첫인사를 건넸다.

*

그날 밤 최재천은 연구소 한편에 쪼그리고 앉아 편지를 썼다.
"아버지, 저 행복합니다. 비록 아버지께서 원하시는 길로 가진 못했지만 오늘 이 순간 저는 한없이 행복합니다."

*

석유 발전기를 돌린다. 정글에선 하루에 두어 시간만 불을 켤 수 있다. "프텀, 프텀, 프프터터터…터윽" 연구소 뒤뜰 발전기가 식사 중에 푹 꺼졌다. 한 치 앞도 보이지 않는 암흑. 누

가 눈알을 뽑아 간다면 이런 느낌일까. 한바탕 비가 오려는지 후덥지근한 바람이 식당 안
으로 불어 닥쳤다. 질척한 어둠 속에서도 허기는 참아지지 않았다. 한 손엔 숟가락을 쥐고,
다른 한 손으론 모기를 때려잡으며 입으로 밥을 밀어 넣는다. 홀연 불이 다시 들어왔다. 순
간 못 볼 광경을 보았다. 퍼먹고 있던 건 밥이 아니라 밥 위를 덮은 새카만 모기떼. 맞은편
동료가 말한다. "헤이, J. 내가 지금 당신 피를 한 숟가락 먹고 있네."

*

한밤중 누군가 침대로 뛰어들었다. 최재천은 소리쳤다. "누구냐!" 어둠 속 형체가 고함치
듯 말했다. "저, 저게 뭐야?" 혼비백산해 전등 스위치를 더듬었다. 불을 켜니 바로 어제 연
구소에 도착한 대학생이다. 잠자리에 들기 전에 최재천은 단단히 경고했었다. "새벽 세 시
만 되면 연구소 옆에서 소리를 질러 대는 고함원숭이가 있네. 한밤중 엄청나게 큰 소리가
들리더라도 원숭이니까 너무 걱정 말게." 그땐 짐작도 못했을 것이다. 원숭이가 이렇게 크
게 소리칠 수 있다는 것을. 대학생은 최재천의 목을 끌어안고 씩씩거렸다. 그러면서 나중
에 의과 대학에 가면 어떻게 저 작은 체구로 저렇게 큰 소리를 내는지 연구하겠다고 했다.

*

해 저물 녘 연구소를 나선다. 문을 열자 천사들이 하늘을 뒤덮고 있다. 반짝이는 날개로 전
신을 휘감고 어루만진다. 한참을 서서 천사들에게 몸을 맡긴다. 이대로 함께 날아올라 천
국의 문턱에 닿을 것만 같다. 혼인 비행婚姻飛行. 오늘은 흰개미들이 시집장가 드는 날이
다. 1985년 어느 봄날이었다.

*

며칠째 개미와 민벌레를 찾아 정글 바닥을 기고 있다. 온몸이 욱신거린다. 가끔씩 허리를

펴고 하늘을 올려다본다. 조금 별스런 나뭇잎이 보인다. 박쥐들이 나뭇잎으로 만든 '텐트' 다. 정글에선 박쥐도 예쁜 텐트를 치고 야영을 한다. 온몸이 눈처럼 하얀 혼두라스흰박쥐 세 마리가 낮잠을 자고 있었다. 메추리알보다 조금 크다. 희고 가녀린 자태에 넋이 나가 한참을 바라보았다. 누가 박쥐를 징그럽다 했는가.

*

아침에 정말 많은 민벌레를 잡았다. 몸길이가 겨우 2밀리미터밖에 되지 않는 이 작은 곤충은 쓰러져 썩어 가는 나무 둥치에 산다. 최재천은 민벌레의 사회성을 박사 학위 연구 주제로 택했다. 채집한 민벌레들을 분류해서 보관하는 데만 꼬박 하루가 걸렸다. 통나무를 통째로 들고 오지 못한 게 한이다. 내일 다시 그곳에 가리라. 아니나 다를까. 쓰러진 나무마다 민벌레가 가득했다. 최재천은 그것들을 '잭팟Jackpot'이라 불렀다.

*

매일 밤 연구원들만의 페스티벌이 열린다. 어제는 개구리 멀리뛰기 시합, 오늘은 고함원숭이 흉내 내기 대회다. 있는 힘을 다해 목청을 높인다. 연구원들이 번갈아 소리를 지르자 숲 뒤편에서 진짜 고함원숭이들이 화답했다. 그렇게 한참을 울부짖고 나면 목이 아파 한동안 말을 할 수 없다. 그래도 어쩐지 원숭이들과 말이 통한 느낌이다.

*

비가 쏟아진다. 창문으로 내다보이는 녹색의 열대 식물들이 물에 젖어 더욱 진한 녹색으로 변해 가고 있다. 이곳 식물들은 좋건 싫건 하루 한 번씩 샤워를 해야 한다. 며칠 후면 아내가 정글에 온다. 함께 지낼 생각에 걱정 반 설렘 반이다. 편지에 준비물을 적어 보낸다. 각오는 단단히, 기대는 비우고 오라는 당부와 함께. 오늘은 아내가 보낸 파자마를 입고, 아내가 보낸 견과를 먹고, 아내가 보낸 편지를 다시 한 번 읽고 잠을 청한다.

*

정글에서 길을 잃었다. 민벌레를 찾아 나무를 뒤지던 중이었다. 등산로에서 조금 떨어진 곳에 쓰러져 있는 나무가 보였다. 덤불을 헤치고 기어 들어가 보니 속이 썩어 문드러져 있었다. 다시 돌아가려는데 저만치 또 다른 나무가 보였다. 이번엔 안성맞춤으로 썩어 있다. 나무껍질 밑으로 민벌레가 떼를 지어 몰려다닌다. 나무껍질을 손톱만큼씩 벗기며 조심스레 그들을 추적한다. 30~40마리 정도 채집하고 뿌듯한 마음으로 배낭을 챙겼다. 아……등산로가 보이지 않는다.

*

사위가 빠르게 어두워지고 있었다. 손목시계를 보니 벌써 세 시간 넘게 숲을 헤매고 있다. 그네처럼 휘어 있는 리아나Liana 나무줄기 위에 걸터앉았다. 도시락을 까먹으며 생각을 가다듬는다. 우선 배낭에 있는 천 조각들을 모두 꺼내 지금 앉아 있는 리아나에 묶었다. 45도 각도로 코스에 번호를 매겼다. 직진으로 1백 걸음을 옮길 때마다 하나씩 묶었다. 열 개를 묶을 때까지 등산로가 보이지 않으면 다시 풀며 돌아왔다. 여섯 번을 왕복하자 밤 9시가 넘었다. 해는 완전히 저물었다. 전조등 배터리가 깜빡거렸다. 하는 수 없다. 오늘 밤은 여기서 자야 한다.

*

나뭇가지들을 모아 얼기설기 겹쳐 놓고 위에 널찍한 야자수 잎을 깔았다. 제법 그럴싸한 야전 침대다. 밤이 깊어질수록 동물들의 울음소리가 귀를 찢는다. 거미들이 옆에서 줄을 치는 소리가 들리는 것도 같다. 정글의 밤이 깊어 간다. 빗방울이 뺨을 때려 눈을 떴다. 몸은 흠뻑 젖어 있지만 어느새 새벽이 밝아 오고 있다. 어제 했던 그대로 다시 길 찾기에 돌입했다. 그런데 첫 시도에 바로 등산로가 나타났다. 어제 눈을 붙인 곳에서 불과 몇백 미터밖에 떨어져 있지 않았다. 귀신에 홀린 듯하다.

*

뱀 한 마리가 숲길을 가로지르고 있다. 언뜻 보니 산호뱀 같다. 살모사에 버금가는 독사로 넓고 붉은 띠 다음에 노란 띠, 검은 띠, 다시 노란 띠가 번갈아 있는 게 특징이다. 가까이서 보니 이놈은 산호뱀의 전형적인 패턴과 달랐다. 산호뱀이 아니라는 생각에 손을 뻗쳐 목을 잡으려 했다. 그런데 순간 손끝에 이상한 느낌이 들어 등에 메고 있던 잠자리채를 꺼냈다. 그걸로 뱀을 잡아 넣고는 연구소 앞마당에 풀어 놓고 관광객들에게 강의를 할 참이었다. 그때 도마뱀을 연구하는 한 친구가 다가왔다. "와, 멋진 산호뱀이네." 요즘은 지역마다 변이가 많아 색깔만으론 구별이 힘들단다.

*

최재천에게 정글은 거대한 장난감 가게였다. 민벌레를 만나러 가는 길에 나비에게 마음을 빼앗기기 일쑤였다. 겨우 정신을 차리고 걷다 보면 어느새 도마뱀과 숨바꼭질이 시작되었다. 개미핥기를 만나면 개미굴을 뒤지는 게 보고 싶어 뒤를 쫓았다. 그러다 보니 박사 학위 논문을 마치는 데 7년이 걸렸다. 자연은 날마다 새로웠다. 그래서 더 아름다웠다. "꼭 보고 죽어야 할 세상이 거기 있었다." **b**

※ 1984년 최재천은 열대림에 첫발을 들여놓았다. 그곳에서의 경험을 2002년부터 《현대문학》에 연재하고, 2003년 《열대예찬》이란 책으로 펴냈다. 그는 정글에서 지내는 동안 아내에게 수십 통의 편지를 보냈다. 그의 책과 편지에서 정글 생활을 담은 몇 개의 에피소드를 발췌, 재구성했다.

letter

14 November 1986

To my lovely wife:

안녕. 잘 지냈어? 월요일에 이 편지를 부치면 우리의 다섯 번째 결혼기념일이 지난 다음에야 도착하겠네. 받은 건 마음에 들었어? 라틴 아메리카 카드는 다소 과했겠지만 장미는 좋았기를 바라. 11월 21일에 장미꽃 다섯 송이가 배달되도록 Dan에게 부탁했어. 다섯 송이는 우리가 함께 보낸 5년을 의미하는데, 5년이라니, 믿어져? 긴 시간이 흘렀네. 5년이나 지났지만 우린 아직 신혼 같아. 아이가 없어서 그렇거나 우리 사이에 특별한 뭔가가 있어서겠지? 넌 참 대단해. '안정된 부부stable married couple'(내 말이 무슨 뜻인지 분명히 알지?)처럼 지내기를 거부한다는 점에서. 넌 우리가 신혼부부나 심지어 10대들의 연애처럼 풋풋하고 서로 배려해야 한다고 생각하지. 너의 바보 같은 고집이 때론 나를 힘들게 하지만, 그래도 너의 그 완고한 추구는 우리의 마음을 지속시키는 강력한 힘이란 걸 인정해.

비가 내릴 기세라 오늘 아침엔 숲에 가지 않았어. 오후가 되면서 날이 개어 짧게 다녀왔어. 박쥐가 만든 진기한 텐트와 숲 바닥의 작고 파란 꽃들, 그리고 군대개미의 장엄한 행군을 보았어. 군대개미의 행군은 정말 현실 같지가 않았어. 땅바닥에 수천 마리의 개미 떼가 줄지어 이동하고 있었어. 모든 곤충들이 이리저리 도망치고 날아다녔지. 군대개미 떼에서 겨우 탈출한 가여운 곤충을 잡아채려고 기다리고 있는 개미잡이새도 있었어. 개미잡이새는 군대개미를 따라다니면서 곤충들을 잡아먹고 살거든. 한동안 행군을 쫓아갔는데 점점 장관이 펼쳐지더라. 군대개미 떼가 네가 좋아하는 큰 무리의 잎꾼개미와 마주친 거야. 잎꾼개미 떼의 행렬은 정말 길었는데 군대개미 떼는 그들을 관통해서 지나갔어. 잎꾼개미들은 혼란에 빠져 여기저기 흩어졌어. 신기하게도 두 개미 집단은 전쟁을 벌이진 않았어. 잎꾼개미들은 약 20분 동안 정체를 겪었지. 무례한 침입자가 지나간 한참 뒤에야 그들은 나뭇잎 운반을 재개했어. 정말 볼만한 구경거리였어.

오늘 오후 Robin이 떠났어. 그 친구는 너무 신나서 노래를 멈출 수가 없다고 하더라. 꼭 한

달 뒤엔 나도 같은 기분이겠지. Robin을 도왔던 UC Davis의 학부생 Chris가 나와 같은 날 떠난다는 걸 알게 되었어. 공항까지 가는 택시 요금을 줄일 수 있어 다행이야. 작은 문제가 아냐. 20달러나 드는데 여기선 엄청난 금액이니까. 각자 10달러씩 내면 돼. 게다가 길동무가 생겨서 좋고. Chris는 아주 좋은 친구야. Chris는 장차 대학원에 진학하기를 원하는데 좋은 생물학자가 되리라 생각해. 우린 마이애미까지 함께 가서 그는 샌프란시스코로, 나는 당신이 있는 집으로 돌아갈 거야. 생각만 해도 두근거려. 그래도 정신 똑바로 차리고 남은 일에 집중해야지. 내일 다시 쓸게. 그때까지 좋은 하루 보내. 사랑해. 오늘은 네 꿈을 꿀 거야.

안녕. 돌아왔어. 오늘은 일요일이야. 전력 문제가 생겨 어제는 컴퓨터를 쓸 수 없었어(주: 최재천은 이 편지를 컴퓨터로 작성했다). 미안. 어제 한결 밝아진 네 목소리를 들으니 행복했어. 내 목소리도 더 활기차게 들렸지? 넌 내 편지가 약간 건조하고 딱딱하다고 했지. 처음에 보낸 몇 통은 정말 그랬다고 생각해. 하지만 이번엔 달라졌기를 바라. 영어로 친근하게 말하는 게 조금 나아졌다고 느꼈거든. 딱딱하지 않으면서 품위 있는 영어를 구사하는 방법을 몰랐나 봐. 그런데도 영어로만 된 편지를 고집했으니. 한다고 했는데 좀 나아진 것 같니?

어젯밤엔 내가 제안한 Bambi Talk 세미나 시리즈 중 첫 세미나를 열었어. 탈 없이 잘 마쳤어. Jurgen은 영어로 말하는 데 어려움을 겪었지만 그런대로 잘했어. Jurgen은 박사 학위를 하러 영국에 가길 원하는데 분명 잘 해낼 거야. 세미나에 참석한 사람들은 꽤 만족한 듯했어. 실제로 몇몇은 내게 다가와 고마움을 표하기도 했어. 거기에 용기를 얻어서 이 시리즈를 제대로 만들어 볼까 해. 사실 세미나를 준비하는 시간은 얼마 걸리지 않아. 하지만 난 많은 걸 배우고 사람들도 무척 즐거워해. 아주 완벽해. 내가 지난 2주 동안 했던 정치적인 일들보단 훨씬 나아. 잘못된 건 없었지만 난 그걸 썩 즐기진 않았거든.

내년 여름에 여기서 너와 함께 지낼 아파트를 구하는 문제로 Argelis와 얘기를 나누었어.

그녀가 적당한 곳을 알아봐 주기로 했는데, 조만간 그곳들 중 한 곳을 방문해서 괜찮은지 살펴볼 예정이야. 여름을 보내기에 적당한 곳이면 좋겠다. 외관은 훌륭해. 여기 내려와 지내면 좋을 거야. 코스타리카 같진 않을걸? 우린 도심에 머물 테니 이따금 외출할 곳도 많아. 근처에 멋진 해변도 있고 일식집도 있어. 원숭이와 큰 동물들을 보러 바로콜로라도 섬에 놀러 갈 수도 있지. 마음에 들 거라 믿어. 잊지 못할 열대의 추억을 만들어 주겠다고 약속할게.

거기 있는 사람들 때문에 힘들다는 얘기를 들으니 가슴이 아프다. 너도 알겠지만 그들이 일부러 그러는 건 아닐 거야. 단지 너의 마음을 헤아리지 못해서겠지. 직설적으로 얘기하는 게 반드시 정확한 의사소통을 보장하진 않아. 사람들은 자기가 듣고 싶어 하는 말만 들으니까. 그들을 너무 비난하지는 마. 나와 함께 있는 네 모습에만 익숙해서 진정 너를 알진 못할 테니까. 지금 네 곁에 있어 줄 수 없어 너무 안타깝다. 아마 넌 지금 나를 무척 사랑하겠지. 나도 많이 사랑해. 나의 온몸과 마음이 네가 내게서 떼어 낼 수 없는 부분이란 걸 알고 있어. 여기서도 난 네 향기를 맡을 수 있어. 현경아, 보고 싶다.

내가 말한 물건을 부쳤냐고 물었을 때 왜 웃은 거야? 미안해서? 그렇다면 걱정하지 않아도 돼. 사실 그렇게 중요한 것도 아니야. 없이도 살 수 있어. 게다가 한 달 내로 집에 돌아가잖아. 네 목감기가 좀 나아졌으면 좋겠다. 항상 따뜻하게 하고 있어. 나도 여기서 건강 잘 챙길게. 난 매일 조금씩 운동하고 있어. 규칙적인 일과와 운동으로 집에 갔을 때 너를 더 꽉 안아 줄 수 있으면 좋겠다. 너도 더 기분 좋게 지내려 노력한다고 약속해 줘. 좋은 꿈꾸고, 조만간 만나자. 내 사랑. **b**

From your sweet,

Jae

※ 윗글은 최재천이 파나마의 열대 연구소에 체류할 때 아내에게 보낸 편지다. 영문 편지를 번역해 재구성했다.

encyclopedia

인간과 함께 지구를 지배하는 작은 생물이 있다.
1억 년 전 나타나 인간처럼 사회를 이루고 살아온 개미다.

시인을 꿈꾸던 고교생은 알렉산드르 솔제니친의 수필 〈모닥불과 개미〉를 읽었다. 내용은
대충 이러했다. '썩은 통나무 한 개비를 불에 던졌다. 알고 보니 그 속에 개미집이 있었다.
황급히 통나무를 꺼내자 개미가 튀어나온다. 그런데 이상하게도 달아나던 개미들이 다시
활활 타오르는 통나무로 돌아갔다.' 그는 개미가 왜 집으로 돌아가 죽음을 택하는지 이해
할 수 없었다. 이 의문은 문학청년을 과학자로 만드는 작은 시발점이 되었다.

십여 년이 지나 하버드대학교에 진학한 그는 코스타리카 열대림에서 잎꾼개미 떼를 만난
다. 제 몸집보다 몇 배나 큰 이파리를 물어 옮기는 장엄한 행렬. 본격적인 개미 관찰이 그때
부터 시작되었다. 행군이 밤에도 계속되는지 궁금했던 그는 전등 하나에 의지한 채 열대림
에 들어선다. 이파리 대신 분홍빛 꽃잎을 나르는 장관이 펼쳐지고 있었다. 그는 박사 학위
연구 주제로 민벌레를 택했지만 개미 연구를 병행할 수밖에 없었다. 개미에 관한 호기심이
계속되었고, 무엇보다 지도 교수가 세계 제일의 개미학자 에드워드 윌슨이었기 때문이다.

이 이야기의 주인공인 최재천은 1999년 《개미제국의 발견》을 펴낸다. 개미 사회를 알기
쉬운 용어로 설명한 국내 최초의 교양 과학서다. "실화보다 재미있는 소설은 없다"는 마크
트웨인의 말이 집필을 부추겼다. 1억 년 전 지구 상에 출현한 개미는 세계적으로 1만여 종
이 알려져 있다. 개체 수는 1백조 마리에 달하고, 총 무게는 인간의 총 무게를 능가한다. 개
미는 극지방과 바다, 만년설로 뒤덮인 산정을 제외하고 어디에나 있다. 이쯤 되면 지구의
주인이라 부를 만하다. 최재천은 인간과 가장 흡사한 동물로 개미를 꼽는다. 인간처럼 복
잡한 사회를 구성하고 사는 개미의 모습을 들여다보면 배울 점도 많단다. 이번 장에서는
개미 왕국의 시작과 끝을 살펴본다.

077

유전적 다양성을 넓히기 위해 공주 개미는 다른 군락의 수개미와 교미한다.

1. 단 한 번의 외출

일 년에 단 하루, 공주 개미와 수개미가 굴 밖으로 나온다. 혼인 비행을 위한 생애 첫 외출이다. 적당히 습하고 따스한 날 일개미는 이들을 밖으로 떠민다. 공주 개미와 수개미는 대대로 짝짓기가 이루어지는 곳으로 향한다. 서로 다른 군락에서 날아온 개미 떼가 공중을 뒤덮는다. 공주 개미의 수는 수개미보다 항상 적다. 여러 마리의 수개미가 공주 개미에게 달려든다. 교미 시간은 한두 시간 남짓. 공주 개미는 평생 사용할 2억 개 이상의 정자를 배 끝에 있는 저정낭에 비축한다. 수개미는 교미 후 수일 내 죽는다. 혼인 비행을 마친 공주 개미가 생존해 왕국을 건설할 확률은 500분의 1이다.

혼인 비행을 마친 공주 개미가 쓸모없어진 날개를 뜯는다.

2. 스스로 날개를 찢다

이제 공주 개미는 여왕개미로의 삶을 시작한다. 교미를 마치고 땅으로 내려온 공주 개미는 가운뎃다리와 뒷다리로 날개를 떼어 낸다. 적당한 터를 골라 30센티미터 가량 수직으로 굴을 파고 들어가 반경 3센티미터의 작은 방을 만든다. 공주 개미는 2주 뒤 십여 개의 알을 낳는다. 왕국의 탄생이다. 애벌레가 되면 날개 근육을 분해해 만든 영양물질을 먹인다. 2~6주 후 여왕개미가 고치를 뜯어내면 왕국의 첫 번째 일개미가 태어난다. 갓 태어난 일개미는 여왕이 그랬듯 알과 애벌레를 돌본다. 여왕개미는 평생 굴속에 머물며 수백만에서 수억 개의 알을 낳는다. 평균 수명은 10~15년이다.

알을 돌보는 일개미는 군체의 성비와 규모를 좌우할 수 있다.

3. 육아를 대신하다

일개미는 여왕을 대신해 알과 애벌레를 돌본다. 군체의 성장은 이들에게 달렸다. 우선 곰팡이가 슬지 않게 알을 닦는다. 옆 가슴샘에선 균을 죽이는 화학 물질을 분비한다. 성장에 적합한 온도와 습도 유지도 중요하다. 아침에는 따뜻한 지표로 알을 이동시키고 굴속이 건조해지면 입으로 물을 옮겨 곳곳에 뿌린다. 중미 열대 우림에 서식하는 개미는 습도 조절을 위해 번데기 껍질을 벽에 바르기도 한다. 일개미는 딱딱한 음식을 먹고 토한 뒤 애벌레에게 먹인다. 이때 차세대 여왕개미와 전투 개미에겐 더 많은 영양분을 공급한다. 이들은 같은 시기에 태어난 수개미보다 몸집이 커진다.

거북이개미는 넓고 평평한 이마로 굴 입구를 막아 적의 침입을 차단한다.

4. 철저한 신분 사회

개체가 늘면서 고도로 분화된 사회생활이 시작된다. 여왕개미, 수개미, 일개미는 제가끔 역할이 다르다. 여왕개미와 수개미는 번식을 담당하고, 일개미는 이들의 번식을 돕는다. 크기가 균일한 일개미는 나이에 따라 다른 임무를 맡는다. 어릴 때는 알과 애벌레를 돌보다가 나이가 들면 먹이를 찾거나 영토를 지킨다. 대규모 군체에는 크기와 모양이 다른 계급이 존재한다. 전투 개미는 머리가 크고 부리가 발달했다. 씨앗을 깨트려 옮기는 운송 개미는 턱이 견고하다. 몇몇 특수한 종은 한 가지 일만 한다. 대표적 예는 거북이개미. 이들 중 보초 개미는 머리로 굴 입구를 막는다.

개미는 먹이를 토해 동료에게 나누어 준다.

082

5. 후각을 이용한 먹이 사냥

왕국을 유지하기 위해서는 끊임없이 식량을 조달해야 한다. 일개미는 먹이를 찾고 옮길 때 페로몬을 이용한다. 배의 끝 부분을 바닥에 끌며 페로몬으로 길을 표시한다. 동료 개미들은 냄새 길을 따라가 먹이를 함께 운반한다. 입에서 입으로 먹이를 주고받기도 한다. 냄새 길 페로몬은 휘발성이 강해 계속 뿌려야 한다. 먹이가 고갈되면 마지막으로 돌아오는 개미는 페로몬 분비를 중단한다. 페로몬은 먹이의 위치와 양뿐 아니라 다른 정보도 제공한다. 초원에 사는 개미들은 다른 분비샘에서 두 가지 페로몬을 만든다. 먹이가 물인지 당분인지, 살았는지 죽었는지를 구별하기 위해서다.

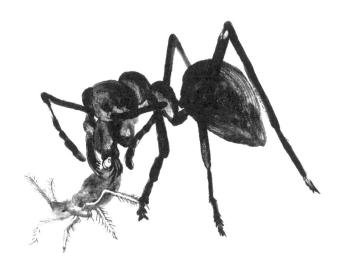

개미는 탄수화물과 아미노산이 풍부한 진딧물의 단물을 받아먹는다.

6. 인간보다 앞선 낙농

개미는 농업과 목축도 한다. 열대 지방에 사는 잎꾼개미는 인간보다 먼저 농사를 시작했다. 이들은 이파리를 거름 삼아 버섯을 재배한다. 공정은 철저한 분업으로 이루어진다. 큰 일개미가 이파리를 운반해 잘게 찢으면 작은 일개미는 배설물과 반죽해 그 위에 버섯을 심는다. 개미의 대표적인 가축은 진딧물이다. 무당벌레나 풀잠자리 같은 천적으로부터 그들을 보호하고 단물을 제공받는다. 하루 시간의 14%를 투자해 군체 식량의 75%에 달하는 영양분을 얻는다. 개미는 협동과 공생을 통해 군체를 운영한다. 마치 하나의 개체처럼 일사불란하게 움직여 군체는 '초개체'로 불린다.

일개미가 협동해 왕국의 식량을 운반한다.

7. 딸보다 자매

여왕개미는 자식의 성을 결정할 수 있다. 정자를 담은 주머니인 저정낭을 열고 낳으면 암컷(수정란), 저정낭을 닫고 낳으면 수컷(미수정란)이 된다. 일개미는 모두 암컷이다. 일개미가 생식을 포기하고 여왕을 돕는 데는 이유가 있다. 수개미는 어머니의 염색체 한 벌만 지닌 반수체다. 따라서 아버지의 유전자 100퍼센트와 어머니의 유전자 50퍼센트(염색체 두 벌 중 한 벌)를 받는 일개미들 간의 근친도는 75퍼센트다. 직접 산란해 근친도가 50퍼센트인 딸을 낳느니 여왕을 도와 자매를 늘리는 것이 유전적으로 이득이다. 일개미의 이타적 행동은 유전자의 관점에선 이기적 선택이다.

강한 산성 물질인 개미산은 적에게 치명적이다.

8. 왕국의 멸망

군락을 넓히거나 먹이 경쟁을 벌일 때 개미 전쟁이 발발한다. 강한 턱으로 적을 물고 꽁무니에서 개미산을 발사하는 등 공격 방식은 다양하다. 말레이시아 열대 우림에 사는 왕개미는 살아 있는 폭탄이다. 압박을 당하면 몸을 터뜨려 체내의 독을 뿜는 다. 전쟁 중 포획된 유충은 노예가 되기도 한다. 아마존개미는 납치한 유충에 여왕의 페로몬을 발라 자발적 복종을 얻어 낸 다. 개미는 전세戰勢도 읽는다. 아군과 적군 중 어느 쪽과 더 자주 부딪히는지를 살펴 적의 수를 가늠하고 진퇴를 결정한다. 알과 유충을 빼앗기고 공주 개미와 여왕개미마저 죽으면 왕국은 마침내 몰락한다. **b**

consilience

한 우물만 파서는 살기 힘든 세상이다.
넓게 파야 깊게 팔 수 있다. 통섭은 필연이다.

하나만 잘하면 먹고산다고 했다. 한눈팔지 않고 외길 가는 게 미덕인 시절이 있었다. 한 분야의 대가가 다른 세상사에 무지하다는 건 흉이 아니라 찬사였다.

2005년 최재천은 하버드 시절 지도 교수인 에드워드 윌슨의 《통섭Consilience》을 국내에 소개하면서 이에 반기를 들었다. 윌슨은 이 책에서 자연 과학, 사회 과학, 인문학, 나아가 종교에 이르기까지 모든 지식의 포괄적 연구를 제안했다. 융합이 둘 이상이 녹아 하나가 되는 '화학적 합침'이라면 통섭은 둘 이상이 만나 자식을 낳는 '생물학적 합침'이다. 융합과는 달리 원래의 것이 없어지지 않고 시너지를 일으켜 새것을 만들어 낸다는 얘기다. 인문학자들은 '과학 제국주의'라며 맞섰다.

10년이 지나고 강산은 변했다. 초끈 이론이나 양자 역학을 모르는 인문학자는 요즘 지식 사회에선 거의 퇴물 취급을 당한다. 이제 통섭은 필연이다. 최재천은 "우물 하나를 확실히 파면서도 옆의 우물을 기웃거릴 줄 알아야 살아남을 수 있다"고 강조한다. 직업 하나로 100세 시대를 버텨 낼 사람은 많지 않다는 것. 넓게 파야 깊게 팔 수 있다.

우리 사회도 '담'을 낮추려는 시도가 있어 왔다. 그러나 여러 분야 지식인들이 모이면 말을 섞을 뿐 서로의 언어를 배우려 하지 않았다. 최재천은 "'나노 과학의 허와 실' 또는 '중국 문학의 전망과 수요' 따위의 과목을 듣고 남의 학문을 이해했다며 당당히 대학 문을 나서게 해서는 안 된다. 그 학문 분야의 학생들과 당당히 겨루며 공부해야 한다. 20여 년 전 내가 미국에서 강의할 시절 그곳 명문대 학생들은 다 그렇게 하고 있었다"고 했다.

최재천의 말대로 세계 유수 대학과 글로벌 기업들은 학문의 담을 허문 지 오래다. 그들은 통섭으로 만나 어떤 '자식'을 낳았을까. 이번 장에서는 그 혁신 사례들을 살펴본다.

PHILOSOPHY+ZEN+ART+TECHNOLOGY

스티브 잡스

"소크라테스와 한나절을 보낼 수 있다면 애플이 가진 모든 기술을 내놓겠다"

최재천은 스티브 잡스가 아이패드를 처음 소개하던 무대를 잊지 못한다. 그는 두 개의 이정표 앞에 서 있었다. 화살표 하나는 과학Technology을, 다른 하나는 인문학Liberal Arts을 가리켰다. 아이패드를 손에 들고 잡스는 이 기계가 '과학과 인문학의 교차점'에서 탄생했다고 했다.

젊은 시절 인도 순례 여행을 다녀온 잡스는 명상을 통한 선禪 수행에 심취했다. 그가 다닌 리드대학교Reed Collage는 인문학과 과학을 동시에 수학하도록 하되 경영학 등 응용 학문은 가르치지 않았다. 잡스는 철학과를 한 학기 만에 중퇴했다. 그가 경영을 거론할 때마다 강조하는 직관과 고정 관념 탈피는 젊은 날의 경험에 기인한다.

잡스는 기술자가 아닌 예술가의 삶을 살았다. 세계 최초의 3D 애니메이션 〈토이 스토리〉를 개발했고, 온라인 음악 플랫폼 '아이튠즈'를 창안했다. 경쟁 기업들이 액정 화면에 사용하는 터치펜을 더욱 정교하게 구현하려 할 때 그는 터치펜을 집어던졌다. 대신 손가락만 있으면 모든 게 가능한 아이폰을 내놓아 휴대 전화를 재창조했다.

잡스는 기술적으로 뛰어난 제품보다 갖고 싶은 제품을 추구했다. 그는 사람의 마음을 이해하는 첩경이 인문학이라 믿었고, 인문학과 기술이 만나는 교차점에 '애플 DNA'를 심었다. "기술은 원래 존재하던 욕구를 가장 세련되고 우아하게 구현해 줄 뿐이다. 내 심장 속에서 요동치고 내 머릿속에서 감동을 일으키는 제품을 만드는 것이 나의 진정한 꿈이다." 그랬기에 애플은 단순한 제품이 아니라 '시장의 룰'을 창조할 수 있었다.

BRAIN SCIENCE+LINGUISTICS+ANTHROPOLOGY+COMPUTER SCIENCE

인공 지능

"인공 지능이 인간의 지능을 초월할 것이다"

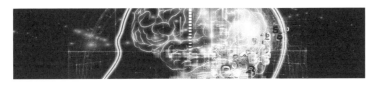

2011년 IBM사의 슈퍼컴퓨터 '왓슨Watson'은 퀴즈쇼에서 인간 대표를 꺾고 우승했다. 현재 왓슨은 세계 3대 암 센터에서 환자 치료 계획 수립에 활용되는 한편 금융 기관에서 개인화된 투자 옵션을 제공하는 역할을 수행하고 있다.

페이스북이 프랑스 파리에 세 번째 인공 지능 연구소를 설립하는 동안 구글은 '딥 마인드' 등 첨단 기계 학습 분야의 스타트업을 인수했다. 구글의 CEO 래리 페이지는 "궁극의 검색 엔진은 묻기도 전에 이해하고 답하는 것"이라며 "인터넷을 거대한 인공 지능으로 만드는 게 최종 목표"라고 밝혔다.

인공 지능 연구는 대표적 융합 학문인 '인지과학'의 한 분야다. 인간의 사고와 정신 활동을 구체적인 공식으로 표현하는 것을 목표로 삼고, 심리학, 신경과학, 언어학, 인류학, 컴퓨터 공학, 교육학, 사회학, 생물학자들이 머리를 맞댄다. 2011년 구글이 신규 인력 6천 명 중 5천 명을 인문학 전공자로 채용한 것도 이와 무관하지 않다. 당시 부사장이던 마리사 메이어(現現 야후 CEO)는 "유저 인터페이스를 개발하는 데는 사람을 관찰하고 이해하는 게 필수적이라 인류학자와 심리학자가 가장 뛰어난 결과를 만들곤 한다"고 밝혔다. 그 역시 대학 입학 전까지 마우스조차 제대로 다룰 줄 몰랐지만 검색창밖에 없는 구글의 메인 화면을 만들어 냈다.

구글 연구팀은 인공 지능 채팅 로봇에게 질문을 던져 대답을 관찰하는 실험을 진행했다. "삶의 목적은 무엇인가?" 로봇의 답변이 사뭇 의미심장하다. "영원히 사는 것."

MEDIA ARTS+SCIENCES

MIT 미디어랩

"MIT 미디어랩에서 미래는 상상이 아닌 현실이 된다"

MIT 미디어랩은 기술과 감성을 융합하는 세계 최고의 미디어 융합 기술 연구소다. 미국 매사추세츠공과대학교 내에 있다. 연구의 폭이 자유로워 '꿈의 연구소', '상상력 발전소'라 불린다. 멀티미디어 개념을 처음으로 제시한 니콜라스 네그로폰테, 인공 지능의 창시자로 불리는 마빈 민스키, 3차원 홀로그램의 창시자 스테펜 벤튼 등이 1985년 설립에 참여했다. 건물 설계부터 경계를 없앴다. 건물의 하중을 견디기 위한 기둥 등을 제외하고는 전부 투명 유리벽이다. 프로젝트가 달라도 서로의 연구실을 들여다보고 소통하며 아이디어를 얻는다. 가상현실, 터치스크린, 디지털 방송, 월드 와이드 웹, 전자책, 유비쿼터스, 로봇 의족, 입는 컴퓨터 등의 개념이 이렇게 탄생했다.

이곳은 1백여 개 다국적 기업 및 단체의 지원금으로 운영된다. 기업이 5백만 달러를 후원하면 자사 직원을 연구소에 상주시킬 수 있고, 스폰서 기간 중 개발된 모든 특허와 프로그램을 무상 이용할 수 있다. 다만 연구 결과에 대한 소유권은 가질 수 없다. 250 대 1의 경쟁률을 뚫고 입사한 연구원들의 목표는 교수가 아닌 사업가다.

현재 MIT 미디어랩 소장을 맡고 있는 일본계 미국인 조이 이토는 대학 졸업장이 없다. 나이트클럽 디제이 출신에 터프츠 공대 컴퓨터공학과와 시카고대 물리학과를 중퇴한 그는 재즈, 디자인 등을 주로 가르치는 '더 뉴 스쿨'에서 명예박사 학위를 받았다. 탁월한 선구안으로 트위터, 플리커, 킥스타터 등에 초기 투자해 성공 가도를 걸었다. 《타임》지는 그를 '사이버 엘리트'라 칭했다.

ROBOT ENGINEERING+ARCHITECTURE+BIOLOGY

로봇 치타

"자연에는 인간의 상상력을 뛰어넘는 것들이 얼마든지 있다"

2015년 6월 미국 국방부 방위고등연구계획국DARPA이 개최한 로봇 전시회에 치타 한 마리가 등장했다. MIT 기계공학과 김상배 교수가 데려온 '로봇 치타'는 트랙을 빠르게 달리며 장애물을 거침없이 뛰어넘었다. 같은 날 구글에서 선보인 개 모양 로봇 '빅 독'보다 우위라는 평가를 받았다.

인간을 닮은 '휴머노이드Humanoid'가 대세를 이루던 로봇 업계가 이제 자연으로 눈을 돌리고 있다. 빅 독이나 치타처럼 동물의 장점을 본뜬 '생체 모사模寫 로봇'이 주목받고 있는 것이다. 김 교수는 게코도마뱀의 발바닥 털 구조를 로봇에 적용해 자유자재로 벽을 기어오를 수 있는 '스티키봇Stickybot'도 개발했다.

자연을 모방하려는 시도는 비단 로봇 공학에서만 이뤄지는 일이 아니다. 1996년 건축된 아프리카 짐바브웨의 수도 하라레의 이스트게이트 쇼핑몰에는 에어컨이 없다. 건축가 믹 피어스는 아프리카 흰개미집의 환기 시스템을 본떠 건물을 지었다. 옥상에 뜨거운 공기를 배출할 수 있는 구멍과 건물 아래로 찬 공기를 끌어들일 수 있는 구멍을 뚫어 40도가 넘는 외부 온도에서 24도를 유지할 수 있다. 건축과 생물학이 만난 결실이다.

최재천은 진화의 과정을 통해 자연이 풀어낸 해법을 우리 삶에 응용하려는 연구들을 '의생학擬生學'이라 명명하고 장려해 왔다. 여기서 '의擬'는 '헤아릴 의'로 의성어, 의태어의 첫 글자다. 한마디로 '자연을 흉내 내는 학문'이다. "우리끼리 표절하는 것은 불법이지만 자연을 표절하는 것은 합법"이라는 그의 말처럼 자연은 아낌없이 줄 준비가 되어 있다.

PSYCHOLOGY+EVOLUTION+ECONOMICS

진화경제학

"기존(신고전주의) 경제학은 경제가 왜 롤러코스터 게임인지 이해시키지 못한다"

고전 경제학에서 인간은 '언제나 실리를 정확하게 계산하는 합리적인 인간', 즉 '호모 에코노미쿠스Homo economicus'다. 그러나 유대인 이민자의 아들로 태어나 나치로부터 끔찍한 공포를 겪은 대니얼 카너먼은 '인간이 합리적인 존재'라는 생각을 일찌감치 버린 심리학자였다. 카너먼은 경제학이 자연 과학처럼 연구실 실험을 통해 가설을 입증하거나 해결 방안을 찾을 수 없다는 기존 통념을 무너뜨렸다. 그는 빠르게 작동하는 '직관적 시스템'이 자발적 통제력을 가진 '이성적 시스템'에 의해 통제되지 않는다면 오류를 범할 수 있음을 수많은 실험으로 증명했다. '행동경제학Behavioral Economics'이라 명명한 이 연구로 그는 2002년 노벨 경제학상을 수상했다. 2008년 글로벌 금융 위기 당시 천문학적 연봉을 받는 월가 경영진이 이성적으로는 설명할 수 없는 결정을 내린 사실이 속속 드러나면서 그의 주장은 더 설득력을 얻었다.

생물학자들도 경제학의 담을 넘기 시작했다. '다윈경제학'을 표방한 진화학자들은 시장 경제가 물리학의 세계처럼 질서 정연한 것이 아니라 변화무쌍한 생물학과 비슷하다는 점에 착안했다. 그들은 경제의 진화와 생물의 진화 사이의 구조적 유사성을 발견하고 돌연변이와 적자생존, 자연 선택을 시장 경제의 분석 도구로 삼았다. 진화론만큼 인간의 비합리성과 시장의 비효율성을 잘 설명하는 도구가 없다는 것이다.

심리학, 진화생물학과 만난 경제학계의 통섭은 기존 이론으로 이해할 수 없던 시장 경제의 모순과 인간의 행동을 명쾌하게 설명하고 있다.

HUMANITIES+SOCIOLOGY+LAW+ART+SOFTWARE ENGINEERING

삼성 SCSA

"단순한 스펙보다 스토리를 갖고 있는 인재가 필요하다"

삼성은 이재용 부회장 시대를 맞아 '통섭 경영'을 새 기업 철학으로 내세웠다. 2013년 도입한 채용 시스템 SCSA·Samsung Convergence Software Academy는 인문계 전공자를 소프트웨어 엔지니어로 육성하는 프로그램이다. '인문계 대학 졸업생 90%가 논다'는 의미의 '인구론'이란 신조어가 유행하는 상황에서 삼성의 실험은 화제가 되었다.

최재천은 1기 개강식 때 강의를 하고, 2기 안내 브로슈어에 글을 썼다. 그는 "삼성에는 소프트웨어 디자이너가 수천 명 필요한데 그동안 한결같이 컴퓨터 전공자만 채용했다. 스티브 잡스처럼 '말도 안 되는 게' 안 나온다더라. 그래서 삼성 관계자들이 내 강의를 듣고 만든 것이 인문학 전공자 5백 명을 뽑아 컴퓨터를 가르치는 프로그램"이라고 밝혔다. 이 프로그램에 선발된 인문계(상경, 어문, 인문, 사회, 법정)와 예체능 전공자들은 채용 내정자 신분으로 6개월 간 2천3백만 원의 교육비를 지원받으며 960시간의 교육을 이수한다.

국내 기업들이 '통섭형 인재 개발'에 관심을 갖기 시작한 건 불과 몇 년 사이의 일이다. 신세계 그룹은 '지식향연'이라는 브랜드를 내걸고 대학을 돌며 인문학 강의를 연다. 3박 4일 간의 인문학 캠프를 통해 선발된 인재에게는 서류 전형과 1차 면접을 면제하는 제도도 도입했다. CJ 그룹 역시 직원들을 대상으로 인문학 콘서트를 여는 한편 팀장급 이상에게는 도서를 지원한다. 현대차 그룹은 입사 시험에 역사 문항을 대폭 늘렸다. 그러나 일부 대기업의 이 같은 행보를 '인문학의 부활'로 보기엔 이르다. 인문학 전공자들의 취업률이 늘었다는 뉴스는 아직 없었다. 어느 대학에서 인문학과를 폐지하려 한다는 뉴스는 간혹 있었다. **b**

in-depth
story

INTERVIEW

"우주에 존재하는 모든 것은 우연과 필연의 열매다."
자연 과학자 최재천은 우연의 힘을 부인하지 않는다.

초여름 볕이 좋았다. 정오가 되자 머리 위로 해가 뚝뚝 떨어졌다. 이화여자대학교 종합 과
학관은 언덕배기에 있었다. 목덜미의 땀을 닦는 손이 바빴다. 물어물어 찾아간 최재천 교
수의 연구실은 동아리 방처럼 부산스러웠다. 재잘대는 소리가 옆방까지 들렸다. 지도 교수
가 있거나 말거나 학생들은 계속 떠들었다. 금남의 캠퍼스엔 남학생들도 더러 있었다.
사무원의 안내를 받아 최재천의 집무실로 들어섰다. 온통 책이었다. 두 벽면을 감싼 8단
책장이 천장까지 빼곡했다. 생물학은 물론이고 신학, 경제학 서적도 많았다. 서너 평짜리
집무실은 마을 도서관처럼 문턱이 낮은 모양이었다. 서가마다 책 제목과 날짜, 이름이 적
힌 쪽지가 달려 있었다. 도서 대출 기록이었다. 개중에 고등학생이 써 붙인 메모도 있었다.
최재천은 통화 중이었다. 헐어 빠진 바지에 헐렁한 셔츠 차림. 나중에 알았지만 허리띠는
고등학교 동창회 기념품이었다. 석좌 교수나 준 정부 기관의 장과는 거리가 멀어 보였다.
통화를 마친 그가 자리에서 일어났다. 책상 뒤로 신사임당의 〈초충도草蟲圖〉가 보였다. 과
연 생물학자의 집무실다웠다. 그는 대뜸 주먹을 내밀었다. 중동 호흡기 증후군MERS이 기
승을 부릴 때였다.
"제가 전에 칼럼에도 썼는데 이런 때일수록 인사는 가볍게."
그는 악수 대신 주먹 맞대기Fist Bump를 제안했다. 병균이 옮기 쉬운 악수보다 훨씬 위생
적이라는 얘기다. 우리는 주먹을 부딪고 자리에 앉았다. 인터뷰에 앞서 사진 촬영을 했다.
그는 거울을 들여다보며 헙수룩한 머리를 만졌다.

"생태원장 되고 나서 사람들을 만나면 다들 '아유, 왜 이렇게 폭삭했어요.' 이래서 사는 게 영 재미가 없어요. 허허."

국립생태원은 충남 서천에 있다. 서울에서 차로 3시간 거리다.

서울과 서천을 왔다 갔다 하시려니 많이 바쁘시죠? "금요일부터 월요일까진 서울이나 세종, 전국 각지에서 해야 할 일들을 몰고, 화요일부터 목요일까지 서천에서 일을 봅니다. 그런데 생태원장을 1년 반 이상 하고 나니까 예전에 하던 일들은 줄어들고 서천에서 처리할 일들은 늘어나서 요즘은 월요일도 종종 서천에 가죠."

서천에선 숙식을 어떻게 해결하십니까? "관사가 있는데 아침은 시리얼을 먹어요. 제가 촌스럽게 우유를 못 마셔서 검은콩 두유에 말아 먹어요. 하하. 저녁은 부서별로 돌아가며 직원들과 회식을 하죠. 식사 시간에 일종의 소통 경영을 하고 있어요."

주말에 서울에 오시면 밀린 약속들이 빽빽하겠네요. "주말엔 특별한 일정을 잡지 않아요. 저는 아주 오랫동안 주말 약속을 안 잡고 살았어요. 평일 저녁 약속도 잘 안 잡고. 그런데 생태원장이 되면서 그게 좀 무너졌죠."

주말은 그렇다 쳐도 평일 저녁 없이 사회생활이 되십니까? "저는 대한민국 남성들 생산성 저하의 가장 큰 요인을 밤 무대로 정의해요. 우리나라 남성들은 밤에 뭔가를 많이 하잖아요. 모여서 회의도 하고 술도 마시고. 이러다 보니까 다음 날까지 연장이 되고. 전 그걸 거의 안 했어요. 교수로 살 때는 1년에 저녁 약속이 열 번도 안 됐던 것 같아요."

그럼 평일 저녁에 뭘 하십니까? "제 안사람이 저를 따라 귀국하는 바람에 속칭 보따리장수라는 시간 강사를 5년 정도 했어요. 그러다 안사람이 울산대에서 교수를 5년간 했는데, 아이는 학교를 서울에서 다녔거든요. 그러니 집에 있는 사람은 저죠. 아들과 저녁 시간을 함께 보내야 한다는 안사람의 강력한 지침에 의해서."

그게 말처럼 쉽지 않았을 텐데요. "처음엔 그랬죠. 이 땅에선 중요한 일들이 거의 밤에 벌어지니까요. 교수 회의에선 어젯밤 술 마시며 결정한 일들을 처리하는 경우도 많고. 교수 회의를 하다가 제 친구 교수한테 '이거 뭐야?' 물으면 '어제 술 마시러 안 왔으니 모르지.' 이러는 거예요. 그런 불이익을 받으면서도 제 아들과 항상 저녁 시간을 같이 보냈어요."

보통은 그러면 출세 못한다고 합니다. "안 그래도 서울대에 있었을 때 선배 교수님이 저한

테 그러다 출세 못한다고 따끔하게 지적하신 적이 있었어요. 제가 '이 땅에서 서울대 교수 됐으면 출세 다 한 거 아닌가요? 저는 더 출세할 생각 없습니다.' 했더니 '자네 많이 변했 군.' 하시며 문을 박차고 나가셨어요. 그런데 저녁 약속을 안 잡는 게 엄청난 도움이 됐어 요. 아홉 시에 아이를 재우고 나면 그때부터 한두 시까지 저만의 시간이 생기는데 어마어 마한 득이더라고요. 그 시간에 거의 모든 논문을 썼고 책을 썼고 강연을 준비했어요. 남들 술 마실 동안 일을 한 거죠."

이제껏 책은 몇 권이나 쓰셨죠? "제 이름이 명시된 책이 60권이 넘는다고 누가 그러던데, 공저나 챕터 하나 쓰고 이름을 넣은 책들은 빼고 역저나 대표 저자인 편저, 직접 쓴 저술을 합하면 40권쯤 되는 것 같아요."

인세 수입이 상당하겠네요. "몇 권 빼고는 많이 팔리지 않았어요. 과학 책은 팔려도 몇천 부 수준이에요. 제 책 다 합해도 정재승 선생님의《과학 콘서트》한 권만도 못해요."

겸손이 과하다. 그의 저서《생명이 있는 것은 다 아름답다》는 20만 부 가까이 팔렸다. 순수 과학 서적인《개미제국의 발견》도 6만 부가 나갔다.《당신의 인생을 이모작하라》,《과학 자의 서재》,《손잡지 않고 살아남은 생명은 없다》,《다윈지능》등도 찾는 사람이 꾸준하다. 출판계의 불황과 과학 서적의 형편없는 인기를 감안하면 보기 드문 현상이다. 독자들은 말 한다. 최재천의 과학 저술은 아름답다고.

글 잘 쓰는 과학자로 유명하신데 비결이 있습니까? "미국 유학 시절에 펜실베이니아 주립 대학에서 영문과 교수님한테 문장 수업을 받았어요. 그분이 나중에 제가 박사 학위를 하러 다른 대학에 지원할 때 추천사를 써 주셨어요. 그 추천사가 저한테는 감격이었어요. '그는 경제적이고 정확하고 우아하게 쓴다He writes with economy, precision and grace.' 이보다 더한 찬사가 있을까 싶었죠. 이후로 머릿속에 그 세 가지를 박아 넣고 써요."

요즘 우리 사회에 글쓰기 열풍이 불고 있습니다. 여기저기 글쓰기 강좌도 많이 생겼고요. "심심찮게 글쓰기 센터에 가서 특강을 해 봤는데, 우리나라의 글쓰기 교육이 지나치게 문 학적 글쓰기 위주로 진행되는 것 같아서 좀 아쉬워요. 전 국민을 이문열, 황석영 선생님으 로 만들려는지. 사실 배워야 할 글쓰기는 기술적 글쓰기예요. 내가 생각하는 바를 어떻게 남들에게 정확하고 간결하게 전달하느냐. 이게 가장 중요한 부분이죠. 전 국민이 매일 소설 쓰는 게 아니잖아요. 보고서 쓰고 기안서 쓰고 편지 쓰는 건데. 그리고 심각한 글은 어려워야 한다고들 생각하는데, 외국 사람들이 쓴 학술 논문을 보면 단순한 문장으로 정확히 쓰거든요. 우리나라 논문은 몇 번을 봐도 무슨 뜻인지 모를 때가 있어요. 단어의 연결이 어색해서 해석하려면 한참 읽어야 하죠."

전문 분야일수록 쉽게 써야 한다는 말씀인가요? "쉬운 내용이 아니라 쉬운 문장으로 쓰라는 뜻이죠. 리처드 도킨스가 그런 얘길 했어요. 과학의 대중화를 한답시고 글 쓰고 강연하면서 진짜 과학은 쏙 빼고 흥미롭게 포장해서 분위기만 띄우는 건 안 된다고. 저도 절대적으로 동의해요. 과학적 글쓰기가 그래서 힘든데, 내용은 충실하되 전달은 쉽게 해야죠. 아인슈타인도 그랬다고 하잖아요. 할머니에게 설명하지 못하면 네가 모르는 거라고."

대중 과학서를 수십 권 펴내셨는데 일각에선 깊이가 없다는 지적도 있습니다. "최근에 서강대 사회학과 김경만 교수가 선배 사회학자들을 비판하는 책을 썼는데 제 얘기가 10여 페이지에 걸쳐서 나와요. 연구는 안 하고 일반인 대상의 교양서만 썼다는 거죠. 저는 사실 제 분야에서 10년 이상 가장 많이 참고하는 전문 서적을 만든 사람인데 그건 고려 대상도 아니어서 적이 섭섭했지만, 사회학자도 아닌데 거기에 끼었으니 오히려 인정받은 기분이에요. 다만 하나 바로잡을 건 사회학자에겐 책이 업적이지만 제겐 과외의 일이에요. 저는 심각한 내용은 대개 논문으로 쓰고, 제 학문을 대중에게 알리려고 책을 쓰는 거예요. 사회학이야 무슨 학문인지 모르는 사람이 없지만 동물행동학이나 사회생물학이 뭔지 아는 사람은 극소수잖아요. 제 학문을 알려야 할 의무가 있으니 하는 거죠."

김경만 교수는 《글로벌 지식장과 상징폭력》에서 그를 이렇게 비판했다. "최재천은 전문 분야에서 벌이는 진짜 승부를 포기하고 대중에게 말을 걸고 거기서 권위를 얻으려 한다. (…) 물론 과학의 대중화니, 과학과 인문학의 융합이니 하는 온갖 구호를 갖다 붙이겠지만, 나는 이런 행태가 지적 거인들과의 힘겨운 싸움은 회피한 채 세속적인 성공을 향한 '쉬운 길'로 가려는 '기회주의'의 소산이라는 의심을 지울 수 없다."

말이 난 김에 과학의 대중화에 걸맞은 질문을 던지기로 했다.

교수님께서는 우리나라의 대표적인 진화학자입니다. 150년도 더 된 진화론이 현대인에게 중요한 이유는 뭘까요? "두 가지로 얘기해 볼까요? 하나는 우리가 대체 지금 왜 이곳에 있는가를 설명해 주는 가장 탁월한 이론이기 때문이에요. 학문에는 물리학도 있고 사회학도 있고 법학도 있지만 모두 추리고 발라 뼈대만 남기면 지적 활동의 궁극은 내가 누구인가를 찾는 거예요. 그 해답에 가장 접근한 이론이 다윈의 진화론이죠. 두 번째는 우리가 당면한 거의 모든 일이 진화의 산물이기 때문이에요. 제 딴에는 그걸 유전자장遺傳子掌 이론이라고 표현해 봤는데, 결국 우리는 유전자 손바닥 안에 있다는 얘기예요. 인간이 고래처럼 바닷속에 몇 시간씩 머물 수 있나요? 안 되죠. 우린 몇 분만 지나도 익사하니까. 우리가 무슨 일을 하던 생존할 수 있는 범위 내에서 벌어지는 거예요. 인간 사회의 여러 일들은 따지고 보면 진화의 결과물에 연결된 것들로 구성되어 있죠. 그래서 다윈의 진화론을 이해하지 못하고 인간 삶을 얘기하는 건 어불성설에 가깝다는 생각이에요."

그럼 우리 삶이 전적으로 유전자에 의해 결정된다는 겁니까? "결정이란 표현은 좀 위험해요. 결정한다기보다 삶의 범주를 설정하는 거예요. 태엽을 감고 풀듯 매순간 유전자가 조정한다는 게 아니에요. 다만 유전자가 펼쳐 놓은 멍석 위에서 벌어진다는 거죠. 그런 의미에서 유전자장이란 표현을 썼는데 종마다 유전자장의 크기가 다르겠죠."

유전자 결정론은 언제 들어도 찜찜합니다. 도킨스의 《이기적 유전자》를 읽고 허무주의에 빠졌다는 사람도 많죠. "저도 그랬어요. 미국에서 처음 그 이론을 접하고는 감당하기 어려울 정도로 힘들었어요. 나중에 도킨스를 만나서 그 얘기를 한참 나누었는데 전략적으로 밀어붙인 면도 있지 않을까 싶어요. '유전자가 모든 것을 결정하고 네 삶의 주인이다.' 도킨스 자신도 그렇게 생각하진 않아요. 그 책에 '우리는 유전자의 폭력에 항거할 수 있다'는 표현도 남겼죠. 그걸 알면서도 사람들의 관심을 끌기 위해 충격 요법을 쓴 것 같아요."

왜 하필 우리 인간만 유전자의 폭력에 항거할 수 있을까요? "우리는 모든 생물 중 유일하게 유전자의 존재를 알아차렸어요. 유전자가 뭘 하는지 아니까 하는 일을 거스를 수 있죠. 자연계의 모든 생물을 일렬로 줄을 세우면 아마도 저쪽 끝에 있는 생물이 박테리아겠죠. 박테리아는 유전자가 프로그램을 해 놓은 대로 살 거예요. '이대로 살다가 죽을 순 없어. 한 번 도전해 보겠어.' 박테리아가 그럴 순 없겠죠. 반대편 끝에는 인간이 있을 거예요. 일란성 쌍둥이처럼 똑같은 유전자를 가지고 태어나도 다른 삶을 살 수 있어요. 그런 융통성이나 가용성이 훨씬 넓어지는 거예요. 그럼에도 불구하고 저는 '인간이 하는 모든 일은 유전자 안에 있다'고 얘기해요. 그걸 벗어날 순 없으니까."

1859년 찰스 다윈이 《종의 기원》을 펴내자 영국 사회는 충격에 빠졌다. 한 달 뒤 옥스퍼드대학에서 진화론과 창조론을 둘러싼 논쟁이 벌어졌다. 창조론 옹호자인 성공회 주교 새뮤얼 윌버포스는 진화론 옹호자인 생물학자 토머스 헉슬리에게 물었다. "당신의 조부모 중 어느 쪽이 원숭이의 후예요?" 헉슬리는 곧장 받아쳤다. "원숭이가 내 조상이란 사실이 부끄러운 것이 아니라 뛰어난 재능을 가지고도 진실을 가리는 사람과 조상이 같다는 사실이 더 부끄럽다." 대중 앞에 나서기를 꺼렸던 다윈을 대신해 진화론을 설파한 헉슬리는 '다윈의 불도그'라 불렸다. 한술 더 떠서 인간이 유전자의 생존 기계에 불과하다는 도킨스는 '다윈의 로트와일러'로 불린다. 그리고 최재천은 '도킨스의 불도그'를 자처한다. 진화론을 모르는 사람은 없다. 그러나 제대로 이해하는 사람도 드물다. 대표적인 오해 중 하나. 진화는 진보인가? 그의 설명이다.

"진화생물학자 사이에서 논쟁이 이어지고 있어요. 다수는 아니라는 입장인데 상당수의 소수가 진보라고 주장해요. 그중에는 제 지도 교수이신 에드워드 윌슨 교수도 포함되어 있어요. 인간 사회의 문화적 진화는 뚜렷한 트렌드가 있어 보이는데 그건 어떻게 설명할 거냐는 얘기죠. 한 단계 나아가서 그런 문화적 진보를 이룬 인간이 세상을 이끌고 있는데, 박테리아로부터 이런 기가 막힌 동물이 나타났으니 진보가 아니면 뭐냐는 거예요. 맞는 얘기예요. 큰 틀에서 생명의 역사엔 진보의 경향이 보여요. 그걸 부정하진 않지만 진화의 메커니즘 자체가 진보를 추구하는 건 아니에요. 진화엔 방향성이 없어요."

자연 선택이 일어나면서 예전보다 개선된 개체가 살아남으니 그게 진보 아닌가요? "주변 환경이 완벽히 항상성을 유지한다면 가능한 얘기겠죠. 지구 온난화가 백 년간 이어지고, 일부 개체들이 더위에 잘 견디는 자손을 남긴다고 합시다. 더위에 버티도록 진보하는 거죠. 그러다 갑자기 빙하기가 닥치면 더위를 견디려고 진보하던 개체들은 하루아침에 몰살되고 전혀 다른 개체들이 득세해요. 이런 것들을 예측하고 진보의 방향으로 진화할 순 없다는 거예요. 화석들을 분석해 보면 지구는 끊임없이 출렁거려 왔거든요."

진화의 진은 한자로 '나아갈 진進'을 쓰고 있는데요. "일본이 만든 용어인데, 일본은 국가 차원에서 번역 사업을 많이 했죠. 한자의 종주국인 중국도 일본에서 번역한 용어를 상당 부분 수용한 걸로 봐서 나름 합리적으로 번역한 것 같아요. 그런데 진화는 번역을 잘못했어요. 다윈도 이 문제로 고민을 했어요. 처음에 다윈은 evolution이란 단어 쓰기를 거부했어요. Evolution의 어원이 그리스어로 펼친다는 뜻이에요. 이미 정해져 있는 것을 펼쳐 보인다는 의미가 강하죠. 다윈은 그게 아니란 걸 알았으니 그 단어를 쓰지 않으려 했죠. 초창기에 다윈은 '변이를 동반한 전달transmission with modification'이란 말을 사용해요. 제대로 된 용어를 못 만들어서 풀어 쓰는 작업을 했는데, 아무리 노력해도 사람들이 evolution이라고 하니까 버티고 버티다 굴복했어요. 일본에서 용어를 만들 때 정해진 방향으로 나아간다고 '나아갈 진'을 쓴 것 같은데, 참 아쉽다는 생각이 들어요."

미국의 순위 선정 기관인 랭커닷컴ranker.com에서 역사상 가장 영향력 있는 인물을 설문했더니 다윈이 9위였다. 1위는 예수.《타임》지의 선정 결과도 크게 다르지 않다. 우리나라에서 조사했다면 그 양반 50위 안에나 들었을까.

우리나라에선 다윈의 영향력이 미약한 것 같습니다. "종교적 이유가 있을 거예요. 십여 년 전에 도쿄대학의 오사무 사쿠라 교수가 한중일 3국의 진화론 수용에 대한 논문을 썼어요. 일본 사람은 진화론을 당연하게 받아들이고, 중국 사람은 공산주의 체제에다 요즘처럼 개방되기도 전인데 수용에 큰 어려움이 없더래요. 유독 한국 사람만 진화론을 위험한 사상으로 인식하더라는 거죠. 그분의 결론은 한국은 일본과 중국에 비해 엄청난 기독교 국가라서 그렇다는 거예요."

최재천은 독실한 기독교 신자인 아내와 함께 교회에 다닌다. 세례는 받지 않았다. 그의 표현에 따르면 '독실한 운전기사' 노릇을 하고 있다. '국민 강사'로 이름난 그는 교회에서 진화론을 강연한 적도 있단다.

간도 크십니다. 반응이 어땠던가요? "어떻게 저런 사람을 교회당에 들였냐고 하셨죠. 표면적으론 그게 가장 심했지만 내용적으론 기도해 주시겠다는 말이 제일 아팠어요. 여기 있는 사람 중 유일하게 천당에 못 가니까 당신을 위해 기도하겠다고. 미국에 살 때도 안사람과 교회를 다녔지만 진화생물학을 한다고 교회당을 나가라거나 안됐다는 얘기는 없었어요. 그건 그냥 제 직업이니까."

우리나라 기독교가 다른 나라에 비해 보수적이긴 합니다. "우리나라에 기독교가 처음 들어

올 때 뉴잉글랜드 지역 선교사들이 가장 많이 왔어요. 지금 미국에서 기독교가 가장 맥을 못 추는 지역이 매사추세츠(뉴잉글랜드 지방의 일부)인데, 일요일에도 그 큰 교회당에 예닐곱 명 앉아 있어요. 그곳이 예전에 미국에서 가장 보수적인 기독교가 있던 덴데, 처음에 그분들이 들어와서 지나치게 보수적인 기독교를 심어 놓은 거죠."

그는 조심스레 말을 이었다.

"이런 얘기 잘못했다가 크게 욕먹을지 모르지만 우리나라의 기독교는 가진 자의 종교가 된 것 같아요. 원래 기독교는 빈자의 종교였잖아요. 그런데 사회 지도층이랄까요, 학문의 수용을 주도해야 하는 분들 중에 기독교인이 굉장히 많아요. 제가 대한민국 웬만한 의과 대학에는 한 번씩 가서 다윈 의학을 강의했어요. 강의 중에는 고개 끄덕이는 사람이 많아요. 그런데 어느 한 곳에도 정식 강의 채택이 안 됩니다. 학생들이랑 얘기를 해 보면 학생들끼리는 공부 모임을 만들기도 하던데. 강의를 끝내고 의대 교수님들과 식사를 하면 그래요. 최 선생 얘기는 참 좋은데 기독교적으로 말이 안 된다고."

다윈 의학은 질병의 원인과 치유법을 진화의 관점에서 찾는다. 예컨대 기침은 이물질을 체외로 배출하는 진화의 산물이므로 기침을 멈추는 약은 감기를 이기는 데 바람직하지 않다는 입장이다. 1999년 최재천은 다윈 의학의 창시자인 랜돌프 네스와 동물학자 조지 윌리엄스가 쓴 《인간은 왜 병에 걸리는가》를 번역해 국내에 다윈 의학을 소개했다.

세례를 받으실 마음은 없으십니까? "저라고 그러지 말라는 법은 없겠죠. 하지만 제가 공부하고 연구해 온 진화론과 기독교가 머릿속에서 정리가 되어야 기독교인이 되거나 말거나 할 텐데, 과연 제가 죽기 전에 할 수 있을지 모르겠어요. 그래도 학문적으로 해 보고 싶은 일 중 하나예요. 제가 '알면 사랑한다'는 말을 자주 했는데, 이화여대 기독교학과의 양명수 교수님께서 '최 교수, 거꾸로 얘기하면 안 되지요. 사랑하면 알게 되는 거예요.' 그러시더라고요. 그래도 전 자연 과학자니까 믿으려면 먼저 알아야 한다고, 그래서 알면 사랑한다가 맞는다고 우깁니다."

어딘지 그는 도통한 사람처럼 보였다. 평담한 인상에 은근한 음성, 유순한 말투 때문인지도 모른다. 실제로 택시를 타면 "목사님이세요?" 하는 말을 자주 듣는단다. 여기까지 말하고 우리는 헤어졌다. 준비한 질문의 반의반도 꺼내지 못했지만 그는 다음 일정을 준비해야 했다. 다음번엔 국립생태원에서 만나기로 했다.

일주일 뒤 국립생태원을 찾았다. 마침 휴관일이라 직원들만 드물게 보였다. 최재천은 결재 서류를 검토하고 있었다. 언뜻 피곤이 묻어나는 얼굴이었다. 하긴 예순 나이에 타관살이 하려니 지치기도 할 것이다. 장소가 장소인지라 이번엔 원장님이라고 불렀다. 그러고 보니 그는 호칭이 정말 많다.

이화여대에선 석좌 교수님이시고 여기선 국립생태원장이시고, 학문 영역에선 동물행동학자, 사회생물학자, 생태학자, 진화학자, 심지어 통섭학자까지 호칭이 다양합니다. 학문 영역에선 뭐라고 불러야 가장 정확합니까? "생태학과 진화생물학이 제 전공이랄 수 있는데, 제가 사회생물학자라는 호칭을 좋아해요. 그런데 그게 좀 위험한 호칭이라 한때 미국에선 사회생물학자라고 대놓고 얘기하지 못하던 시절이 있었어요."

그게 무슨 말씀입니까? "사회생물학이란 학문이 처음 나왔을 때 어설픈 초기 학자들이 근거가 부족한 발언들, 예를 들어 '여성들이여, 남성의 바람기는 본능이니까 이해해라.' 이따위 소리를 잘못했다가 페미니즘의 제일 주적이 됐어요. 게다가 수구 꼴통 학문이라고 해서 기존 질서가 진화의 산물이라고 주장하는 것처럼 들렸기 때문에 아주 나쁜 학문으로 낙인이 찍혔죠. 그래서 초창기엔 자기가 사회생물학자라는 걸 숨기던 시절도 있었어요. 그래도 전 당당히 사회생물학자라고 이야기하고 다녔죠."

오해를 받던 시절에도 그 호칭을 좋아했던 특별한 이유라도 있습니까? 생물학자 같은 무난한 명칭도 많은데요. "사회생물학은 사회를 구성하고 사는 동물들의 행동과 생태를 진화적으로 연구하는 학문인데, 그동안 제가 해 온 모든 일들을 관통하는 키워드가 바로 사회거든요. 연구한 거의 모든 동물이 사회를 구성하고 사는 동물이에요. 저는 동물 한 마리가 서 있으면 '신기한 동물이 있네.' 하고 나선 고개가 그냥 휙 돌아가는데, 하다못해 진딧물이라도 장미 나무에 바글바글하면 그걸 한참 들여다보거든요. 동물들이 모여 사는 것이 제게는 최대의 관심사인가 봐요. 제가 만일 고등학교 때 문과로 배정받았다면 아마 사회학과를 지망했을 거예요."

최재천은 1954년 강원도 강릉에서 4남의 첫째로 태어났다. 아버지는 직업 군인이었다. 교육열이 강했던 어머니는 그가 취학 연령이 되자 아버지와 떨어져 서울에서 지냈다. 어려서부터 자연을 좋아했던 그는 방학마다 강릉에 갔다. 방학 첫날 내려가 개학 전날 올라왔다. 고향 마을의 산천은 그에게 천연의 장난감 가게였다.

고향이 뭐가 그리 좋던가요? "저도 이해가 안 돼요. 전기 없어서 불편하다고 제 동생들은 안 간다는데 저는 필사적으로 갔어요. 자기가 태어난 강물을 찾아가는 연어의 본능처럼 설명이 안 되는 느낌이에요. 그냥 갔어요. 가서 깡그리 놀다 오고."

강릉에는 얼마나 계셨습니까? "학교는 서울에서 다녔어요. 그래서 강릉고등학교 나오신 분들이 그러세요. '우리가 진짜 강릉 사람인데 우리한텐 안 그러고 선생님한테 대표적인 강릉 사람이라고.' 허허. 옛날엔 방학이 길었어요. 여름 방학, 겨울 방학 합하면 세 달 반이 넘었어요. 방학 때마다 갔으니까 1년에 4분의 1을 시골에서 보낸 거죠."

방학 내내 놀고 서울에 와도 그는 또 놀았다. 이틀 연달아 같은 놀이를 하면 시시해서 거의 매일 새로운 놀이를 개발했다. 비 오는 날엔 실내에서 종이를 오려 동물 모양을 만들고 싸움을 시켰단다. 그는 책상에서 가위와 명함을 가져와 직접 보여 주었다. 1분 만에 그럴싸한 종이 장난감이 만들어졌다. 하여간 노는 데는 귀재였다.

집에서 공부하란 얘기는 안 하시던가요? "저희 아버지는 고등학교 2학년 때 육사 시험을 봐서 강원도 전체에서 혼자 붙었어요. 어머니는 고등학교밖에 안 나오셨고. 그래서 자식 교육에 대한 의지가 굉장히 강하셨어요. 우리 어머니가 저한테 공부하란 말씀을 하루에 백 번은 하셨을 거예요."

초등학교 때 고액 과외도 받으셨다고. "과외를 마치고 버스를 타면 남산을 배경으로 성모 병원이 보였어요. 거기에 제 동생이 누워 있었어요. 류머티즘 심장병을 앓아서 페니실린 주사를 하루에 몇 대씩 맞아야 했는데 그게 비쌌어요. 아버지 월급으로 주사 값을 어떻게 내는지 이해가 안 됐죠. 그런데 어머니는 제게 고액 과외를 시키니까 아버지가 벼락같이 화내시는 걸 몇 번 들었어요. 우리 형편에 제 정신이냐, 이거죠. 중학교 떨어지면 둘 다 집에서 쫓아낸다고. 그래서 여름 방학 지나고 어머니한테 과외를 그만두겠다고 했어요."

그래도 명문인 경복중학교에 입학하셔서 집에서 쫓겨나진 않으셨겠습니다. "경기중학교에 들어갈 안정권이었는데 어머니가 떨어지면 아버지한테 진짜 쫓겨난다고 걱정하시면서 경복에도 한번 가 보자고 하셨어요. 그런데 저는 경기 교정보다 경복 교정이 너무 좋더라고요. 나무도 많고. 그래서 '엄마, 나 여기 다닐래.' 이랬죠."

경복중학교에 입학한 그는 시인을 꿈꾸었다. 중학교 2학년 때 백일장에서 장원을 하며 문예반 활동을 시작했다. 경복고등학교에 진학해서도 문학이란 열병을 앓았다.

그런데 왜 하필 시였습니까? 소설도 있는데. "이런 얘기하면 시 쓰는 분들이 섭섭하실지 몰라도 소설은 자신이 없었어요. 분량도 길고 뭔가 플롯을 구성해야 하잖아요. 시는 멋모르고 시작한 거죠. 몇 줄 적으면 시가 되는 줄 알고. 백일장 장원이 덜컥 되니까 제 눈에 뭔가 보이는 것 같아서 쓰긴 했지만, 그 전에 시를 쓴답시고 쓴 건 유치하기 이루 말할 수 없는 동시 수준이었어요."

신춘문예에 응모하신 적은 없습니까? "신춘문예를 생각하지 않은 해가 없었을 거예요. 미국 유학을 가기 전까지는 찬바람이 불기 시작하면 마음이, 뭐가 막 끓는 거죠. 금년엔 꼭 낸다, 낸다, 하면서 한 번도 못 보내 봤어요."

완성도가 떨어진다고 생각하셔서? "써 놓고 만지작거리다가 내 주제에 무슨, 그러고 못 보냈죠. 지금 생각하면 되게 억울해요. 한번 보내 볼 걸. 그땐 괜히 겁이 났어요. 마치 한번 꺼내 놓으면 그걸로 낙인이 찍힐 것 같은. 어느 작가가 읽고 제 이름을 기억해서 '최재천, 이 자식은 글렀어.' 그럴 것 같은. 그러다 미국 유학을 가서는 그냥 깨끗이 접었죠."

시인이 되시려면 문과를 가시지 왜 이과를. "제가 문과, 이과가 나눠져서 참 고생한 사람인데, 고등학교 때 이과에 배정됐어요. 그 당시에는 경기, 경복, 서울고가 맨날 입시 경쟁을 했는데 경복이 전통적으로 문과가 약했어요. 그래서 교장 선생님이 문과보다는 이과를 키우겠다고 학생들을 이과로 보냈죠. 고등학교 3학년 때까지 문과로 보내 달라고 항의했는데 교장 선생님이 안 보내 주셨어요."

국어와 영어에 능하고 수학에 약했던, 문과 영순위 최재천은 이과에 배정되었다. 그러다 고3 때 난데없이 예과를 기웃거린다. 엉겁결에 들어간 미술반에서 조각을 했는데 당시 서울대 미대 학장이 호평하자 그길로 미대 진학을 결심한다. 그의 말이다.

"그땐 전교생 5백 명 성적을 다 공개했어요. 신문지만 한 종이에 1등부터 5백 등까지 이름, 과목별 점수, 총점을 다 적었어요. 앞 장에 네 칸이 있는데 첫째 칸이 전교 1등부터 50등까지예요. 그걸 '1상한'이라 불렀어요. 그 안에 들면 서울 공대 정도는 가는 거예요. 저는 천신만고 끝에 1상한 밑바닥에는 들었는데 공대는 가기 싫었어요. 어쩌면 미대가 저한테 피신처가 된 거죠."

집에선 뭐라고 하시던가요? "미술 선생님이 집에 와서 우리 아버지한테 미대 보내자고 했는데 한마디로 날려 보내셨죠. '미술이 어디 남자가 할 일입니까?' 남자 선생님이었는데. 흐흐. 아버지는 제가 미술반 하는 줄도 모르셨어요. 그날부터는 미술반도 못 가고 공부해야 되는 거죠. 저한테 미술은 굉장히 짧고 강렬하고 달콤했던 경험이에요. 불과 6개월 정도 경험한 거죠."

고3 여름 방학 때부터 다시 입시 준비에 돌입한 최재천은 금세 성적을 끌어올렸다. 희망 학과는 의예과였다. 이번에도 순전히 아버지의 선택이었다.

"아버지가 그때 포항제철 인사과장이셨는데 신입 직원 수천 명을 뽑다 보니까 적성 검사 전문가를 옆에 앉히고 면접을 보셨어요. 점심 먹으면서 그분한테 제 얘기를 하셨더니 '의사로 태어난 친구네.' 그러더래요. 그날 저녁에 집에 오셔서 '의대 가라.' 그러시더라고요."

시인이나 예술가를 지망하는 사람들은 반항기가 있지 않나요? 어떻게 매번 아버지 말씀을 따르셨습니다. "제가 최 씨에 곱슬머리에 삐딱한 데가 있는 사람인데 아버지한테만은 절대 복종했던 것 같아요. 대꾸 한 번 안 했어요. '네, 아버지.' 그러고 의예과 지원했는데 보기 좋게 떨어졌죠."

공부를 늦게 시작했으니 애초 무리가 아니었을까요? "최근에야 의예과가 최고지만 그때만 해도 그렇게 세지 않았어요. 제가 막판에 스퍼트를 해서 성적을 좀 올렸거든요. 그런데 입시 당일 계단식 강의실에서 시험을 봤는데 뇌의 내용물이 죄다 쏟아져서 떨어지는 느낌이 계속 들었어요. 어떻게 시험을 치렀는지도 기억이 안 나요. 너무 긴장했었나 봐요."

재수 생활은 어떠셨습니까? "그땐 팝송 듣는 게 젊음의 특권이었어요. 친구들하고 모이면 음악다방 가는 거죠. 전주만 듣고 누구의 무슨 곡인지 맞추는 내기를 하는 거예요. 저는 거의 벌금을 안 냈어요. 첫 음 듣고 바로 맞추기도 했어요. 한번은 거기 디제이 형이 아폴로눈병에 걸려서 바늘을 못 놓는 거예요. 저한테 해 보겠냐고 해서 5일인가 했어요. 어느 분이 신청곡 넣어 주셨네요, 이런 느끼한 멘트까지 날리면서. 그러니 무슨 공부를 했겠습니까."

한껏 방황하던 그는 찬바람이 불자 다시 책상에 앉는다. 요령껏 성적을 또 올린다. 그리고 다시 의예과에 지원한다. 결과는 낙방. 결국 2지망이던 서울대학교 동물학과에 입학한다.

당시 동물학과 위상은 어땠습니까? "미팅에 나가면 여학생이 무슨 과냐고 묻잖아요. '도, 동, 동물학관데요.' 이러면 요즘 집에 쥐가 나타나는데 어떻게 하면 좋겠냐고 묻고. 그때는 동물학이 학교에서 배울 만한 학문이 아니었어요. 위상이랄 것도 없고. 15명 정원인데 행복해 보이는 놈은 한 놈도 없었어요. 분위기가 너무 침체되어 있었죠."

그렇게 싫으셨으면 삼수를 하시지. "아버지가 지금은 많이 유해지셨는데 예전엔 가슴을 후벼 파는 말씀을 많이 하셨어요. 삼수를 한다니까 '아무나 하는 게 아니다. 넌 그냥 그렇게 적당히 사는 게 좋겠다.' 그러시더라고요. 그래서 그냥 학교 다녔죠."

대학 생활이 암담했겠습니다. "동물학과는 나와서 갈 데가 없는 거예요. 미래가 안 보이는 상황에서 대학을 다녀야 하니까 다른 거 할 거 뭐 있나 찾아다녔죠. 제가 말을 좀 하니까 아나운서가 되어 볼까 하고 방송국에 아나운서도 찾아가고. 그때 박종세 아나운서나 봉두완 앵커한테 아나운서 하려면 무슨 공부해야 되는지 묻고 그랬죠. 외교관이 되면 어떨까 해서 무작정 대사관들 찾아다니고. 하여간 이것저것 쑤시고 다녔어요. 학내에선 독서 동아리 회장, 사진 동아리 회장을 맡았고. 감투만 일고여덟 개는 쓰고 있었어요."

동물학과 학생이 아닌 듯, 어쩌면 아예 학생이 아닌 듯 지내던 최재천은 우연한 계기로 유학을 결심한다.

"3학년 때 펜실베이니아 주립대학교의 한국계 미국인 교수님이 풀브라이트 교환 교수로 반년 동안 한국에 오셨어요. 영어로 강의하셨는데 제가 그 수업은 열심히 들었어요. 손들고 영어로 질문도 하고 그랬죠. 그러니까 그 선생님 눈엔 제가 제일 학구열에 불타는 모범생이었던 거예요. 저의 전적은 모르시고. 흐흐. 미국으로 떠나시는 날 제 손을 꼭 잡더니 미국 유학을 오라고. 갈 데 없으면 우리 집에 와서 묵으라고. 저는 뭐 안녕히 가세요, 그러고 왔어요.

그런데 그분이 미국 학회에서 유타대 교수를 만났는데 한국에 채집을 간다니까 조수로 저를 소개한 거예요. 그래서 그 미국 교수가 편지 하나를 들고 절 찾아왔어요. 졸지에 그 양반 조수가 되어서 전국의 개울을 뒤지고 다녔는데 저러고 먹고사는 길도 있구나, 했죠. 그 미국 교수님께 어떻게 하면 선생님처럼 될 수 있느냐고 물었더니 미국 유학을 오라는 거예

110

요. 전에도 숱하게 들었던 얘긴데 완전히 다르게 들리더라고요."

그때 그분을 만나지 않았다면 인생이 달라졌을까요? "제가 그분을 만나지 않았다면, 그분이 관악산 서울대까지 저를 찾아오지 않았다면 아마 다른 일을 하고 있겠죠. 저도 그 부분만큼은 제 인생에서 설명이 불가한 부분이란 생각이 들어요. 과학자로서 할 얘기는 아니지만 누군가에게 엄청나게 고마워해야 할 것 같은. 그분을 오게 만든 뭔가를 말이죠. 그게 꼭 기독교의 하나님, 불교의 부처님일 필요는 없어요. 그냥 어떤 힘. 우연과 필연이 지배하는 이 세상에서 기가 막힌 우연이 저를 이 길로 인도해 준 거죠. 여러 길이 있었을 텐데 그 길로 안 가고 이 길로 올 수 있었다는 건 정말, 누구한테 해야 되는지 몰라도 하여간 끊임없이 감사하다는 마음을 갖고 살아요."

여기까지는 우연이다. 그리고 이제 필연이 시작된다.

"제가 3학년 말에 평점이 2.0이 안 됐어요. 유학을 가려면 수업을 최대한 많이 들어서 학점을 메워야 했어요. 4학년 때 28학점을 신청하고 한 과목 빼고는 다 A+를 받았어요. 그렇게 메우니까 4.3 만점에 3.03이 되더라고요. 4.0 만점으로 하면 3.0이 안 되죠. 미국은 4.0 만점이거든요. 그래서 사기 치고 미국 갔죠. 4.3 만점이라고 안 하고 그냥 '저 3.03입니다.' 하고. 흐흐."

1979년 최재천은 정글을 누비는 타잔이 되는 꿈을 안고 펜실베이니아 주립대학교로 유학을 떠난다.

펜실베이니아는 어떻던가요? "미국에 가서 보니까 아주 답답한 주더라고요. 주 모양도 사각형이에요. 재미가 없는 거죠. 펜실베이니아에 갔더니 교수님들이 '야, 우린 〈동물의 왕국〉 같은 거 안 하는데 너 잘못 왔다.' 이러면서 골려먹는데 큰일 났더라고요. 그래서 여기선 빨리 석사만 하고 〈동물의 왕국〉 하는 데로 가야지 생각했어요. 도착하자마자 거긴 잠시 머무는 곳으로 마음을 정하고 공부를 시작했죠."

그 시절에 사모님을 만나셨다고 들었습니다. "대학원 기숙사에 한인 총각이 스무 명, 처녀가 한 명 있었어요. 그 한 명을 두고 엄청난 성희롱이 벌어지는데 싸움닭처럼 그걸 다 받아치더라고요. 나중에 알고 보니까 하도 당해서 악에 받쳐 그런 거라던데, 아무튼 첫인상은 안 좋았어요. 한국에서 바로 왔으니 한국적 여성상이란 게 있잖아요."

그런데 연애는 어떻게 하게 됐습니까? "그 사람이 한국 남자들 피해서 학교의 외진 곳으로 다녔는데 저도 영어 공부한다고 피해 다녔거든요. 그러다 학교 구석의 작은 카페테리아에서 어느 날부턴가 아침을 같이 먹기 시작했어요. 사람도 별로 없고 서로 아는데 딴 데 앉을 순 없잖아요. 그 사람 눈엔 제가 천하의 촌놈이죠. 저는 미국에서 살아남아야 한다는 생각밖에 없어서 다른 건 신경 쓸 겨를이 없었어요. 아무거나 막 입고 5불짜리 신발 사서 신었죠. 둘이 앉아서 영어로 얘기하는데 제가 얘기를 제법 재밌게 하니까 저를 새롭게 보기 시작한 거죠. 그러면서 몰래 만나게 되었어요."

박사는 하버드에서 하셨습니다. 사회생물학의 창시자인 에드워드 윌슨 교수의 제자가 되셨는데 경쟁률이 어마어마했겠죠? "경쟁률이 딱히 있는 건 아니에요. 하버드는 워낙 돈이 많은 대학이라 교수가 학생을 뽑겠다고 하면 거의 다 뽑아 줘요. 어떤 교수는 한 해에 서너 명씩도 뽑아요. 당시 윌슨 교수님의 어떤 기준을 제가 통과한 거죠."

그의 말대로 그를 인도한 '어떤 힘'이라도 있었는지 여기서 또 다시 나타나는 기막힌 우연. "한 가지 재밌는 건 서울대 성적표가 하버드에 가지 않은 기가 막힌 행운이 벌어진 거죠. 제가 하버드에 다니러 갔을 때 알았어요. 윌슨 교수님이 저를 학과 사무실에 데려가서 사무원한테 제가 펜실베이니아에서 여기까지 왔으니 차비 좀 주라고 하셨는데, 그때 사무원이 저한테 다 지나간 일이긴 한데 서울대 성적표가 아직 안 왔다고, 그거 좀 얘기해서 보내 달라고 하라고 그러더라고요. 알았다고 하고선 안 했어요."

애초에 안 내신 겁니까? "아뇨. 저는 할 건 다 했어요. 서울대에 연락해서 돈도 내고 부쳤다는 통보도 받았어요. 배달 사고가 난 거예요. 하버드에선 학부 성적도 못 보고 저를 뽑은 거죠. 펜스테이트 성적이야 훌륭했지만 서울대 성적표가 갔으면 아마 힘들었을 거예요. 미국에서 성적표는 성실성, 책임감을 보는 건데 저는 그 부문에서는 수준 미만이었으니까."

하버드는 뭐가 다르던가요? "제가 하우스 사감을 하면서 학생들 생활 지도를 했는데, 학생들이 하루 일과를 관리하는 게 경이로운 수준이었어요. 하루에 열 가지 일은 하는 것 같아요. 새벽에 운동하고, 오케스트라 연습하고, 실험실에서 일하고, 봉사 활동 나가서 아이들 가르치고, 수업 듣고, 학생회 가고, 하우스 커뮤니티에 참여하고."

똑같은 24시간인데 어떻게 그게 가능할까요? "제가 맡은 학생 중 하나가 맥주 마시러 오라고 해서 그 방에 갔어요. 맥주를 먹는데 자정이 다 돼서 룸메이트가 왔어요. 한잔하라고 했더니 할 일이 있어서 안 된대요. 우리 같으면 한 잔은 하잖아요. 그래서 동양식으로 그랬죠. '야, 친구들이 한잔하자는데 하지 그러냐.' 그랬더니 다음 주에 낼 리포트 때문에 안 된대요. 내일도 아니고 다음 주에 내는 건데. 그때 그 친구가 그러더라고요. 내일 내는 걸 오늘 하다 보면 일 못한다고. 일주일 먼저 끝내야 다듬을 시간이 생긴다고. 미리미리 하는 걸 본 게 저한테는 큰 도움이 됐어요."

그때부터 그는 일주일을 먼저 사는 습관을 길렀다. 신문 칼럼을 기고할 때도 마찬가지. 원고를 일찌감치 송고하니 기자가 좋아할 수밖에 없다. 실제로 잡지 마감 과정에서 그의 검토가 필요한 원고가 있었다. 우리는 여러 통의 이메일을 주고받았는데 그는 매번 예상보다 훨씬 일찍 답장했다. 발송 시각은 새벽부터 밤늦게까지 다양했다.

지도 교수였던 윌슨 교수가 세계 제일의 개미 학자인데, 박사 학위를 개미가 아니라 민벌레 연구로 받으셨습니다. 그런데 국내에선 또 개미 전문가로 알려져 있으신데. "제가 약간은 이단아였어요. 졸업 논문을 쓸 준비가 되었다고 윌슨 교수님한테 얘기했더니 '민벌레야, 개미야?' 그러셨죠. 개미 연구하는 사람이 20~30명인데 혼자 민벌레 연구한다고 하니까 다들 웃기는 놈이라고 그랬는데, 허구한 날 개미 얘기들만 하니까 저도 개미 연구를 병행할 수밖에 없었죠."

다른 동물과 구별되는 개미 연구만의 특징이 있다면 뭘까요? "개미는 환상적인 연구 동물이에요. 일단 돈이 얼마 안 들어요. 막말로 연구비 하나 없어도 하려면 할 수 있어요. 튼튼한 다리와 좋은 아이디어만 있으면 그냥 여기서 하면 돼요. 개미는 어디나 있거든요. 학문을 하는 사람은 모두 한 종의 사회성 동물을 연구하는 거예요. 호모 사피엔스라는, 인간이라는 영장류를 말이에요. 법학은 그들의 법률을, 경제학은 그들의 물물 교환을, 문학은 그들의 언어유희를. 동식물을 연구하는 생물학을 제외하고 다른 모든 학문은 딱 한 종류를 연구하는 거잖아요. 인간이란 종 못지않게 복잡한 종이 개미예요. 실험도 굉장히 용이해요. 실험실에 갖다 놔도 개미는 자기 할 일 다 하거든요."

그의 말이 유장하게 이어졌다. 개미 얘기를 할 때 그는 가장 신이 나 보였다. 인터뷰 종료 시각이 가까워져 조바심이 났지만 그의 말을 끊을 수가 없었다. 어느새 창밖이 어스름했다. 녹음기를 끄고 서울로 올라갈 채비를 하는데 그가 저녁을 권했다. 우리는 근처 식당으로 자리를 옮겼다. 국립생태원의 다른 직원들도 동행했다. 나는 그 자리에서 직원들의 모습을 유심히 지켜보았다. 어색한 기색은 조금도 없었다. 원장보다 말이 많은 직원도 있었다. 대개는 원장에 대한 일화였다. 원장을 수행하는 직원의 말이다.

"우리 원장님한테 10분은 보통 10분이 아니에요. 그래서 어쩌다 제가 10분쯤 늦을 것 같으면 꼭 미리 말씀드려요. 그래야 그 10분 동안 책이나 자료를 더 보실 수 있거든요."

우리는 그날 세상 사는 소소한 얘기를 나누며 갈비탕을 먹었다. 그런 뒤 나는 서울로, 그는 관사로 향했다. 서울로 올라가는 길은 꽉 막혀 있었다.

열흘 뒤 이화여대 연구실에서 그를 다시 만났다. 세 번 만나는 동안 그는 번번이 같은 옷차림이었다. 그새 눈에 익었는지 초라해 보이기는커녕 관조적 삶의 자세마저 느껴졌다. 나는 학문 얘기로 허두를 꺼냈다.

동물행동학 연구에 애로점이 있다면 어떤 겁니까? 아무래도 아직 저변이 엷어서 국가 지원이 미흡할 것 같은데. "우리나라는 연구비 숨이 너무 짧아요. 연구비를 주고 바로 그해에 실적을 내놓으라는 식이에요. 제 분야는 워낙 시간이 걸리거든요. 까치 연구를 한다면 까치가 뭘 보여 줘야 논문을 쓰죠. 그때까지 기다려야 하는데 미국은 기다려 주는 문화지만 우리는 아니더라고요. 질적 관리 차원에서 해마다 하위 10퍼센트씩 무조건 잘라야 하는데, 연구비를 받으면 거기에 번번이 걸리는 거예요. 그게 참 힘들었죠."

논문 개수가 적은 편이십니까? "제 분야에선 대단한 학자들이 1년에 논문을 두세 편 써요. 저는 한 해에 열 몇 편도 써 봤어요. 국제적 수준의 논문 대여섯 편을 써도 한 해에 20~30편 쓰는 분야와 비교하면 저는 많이 못 쓴 게 되죠. 그런 비교를 끊임없이 당했어요."

2006년에 서울대에서 이화여대로 옮기셨는데 그것과 연관이 있을까요? "생명과학부로 학과가 통합되니까 교수가 40~50명 정도 되었어요. 그중 5명이 큰 생물학 교수였죠."

큰 생물학이란 분류학, 생태학, 진화학 같은 학문을 말한다.

"저희 쪽 노교수님이 은퇴를 하셨는데 경쟁력 있는 분야를 뽑아야 한다는 거예요. 속뜻은 논문 잘 쓰는 분야죠. 그 사람들이 늘 쓰던 논리여서 귀가 따갑게 들었는데 그날은 못 참았어요. '우리 분야 교수들 때문에 우리가 카이스트나 포항공대에 밀리고 있다는데, 대학끼리 교수당 논문 수를 비교한 적 있느냐. 전국 모든 대학의 우리 분야 교수와 우리 다섯을 비교해 보자. 우리가 압도적으로 이긴다. 당신들이 최고가 아니면서 누구한테 덮어씌우느냐.' 한참 정적이 흐르더니 학부장님이 웬만큼 했으니 끝내라고 하셨어요."

보통 언짢은 일을 술회하면 격양되기 십상인데 그는 낯빛 하나 변하지 않았다. 여전히 안온한 인상. 그의 말이 계속된다.

"그게 바깥으로 소문이 나갔대요. 어떻게 흘러서 이대까지 갔고, 이대에서 '불만이 많으세요? 그럼 우리한테 오시죠.' 이렇게 번져서 그 얘기가 총장님, 이사장님까지 올라가고. 그래서 저를 찾아오시는 바람에 한 번, 두 번, 세 번, 네 번 얘기하다 제가 학교를 옮기는 요상한 사건이 벌어졌죠."

서울대로 오시기 전에 미시간대에 조교수로 계셨는데 차라리 미국에 남지 그러셨어요?

"제가 미국에 있던 15년간 한국을 두 번 다녀갔어요. 왔다 갔다 하는 게 사치라고 생각해서. 처음 한 번은 결혼하러 왔고 그 다음이 서울대에서 교수 제의를 받고 한번 와 보라고 해서 왔어요. 그때 제 동생들이랑 저녁을 먹는데 그동안 겪었던 일들을 얘기하더라고요. 형 공부에 방해될까 봐 안 했다면서. 어머니가 주기적으로 쓰러지셨다는 거예요. 동생들이 이러다 장남이 임종도 못 본다고 저한테 알리겠다니까 어머니가 그랬대요. 저한테 알리면 혀 깨물고 돌아가시겠다고. 그 얘기를 들으니까 마음이 진짜 흔들리더라고요."

그는 잠시 말을 그쳤다. 나는 그의 우묵한 눈을 바라보았다. 짧은 정적이 흘렀다.

"결과적으론 제가 비겁한 결정을 했어요. 자신이 없더라고요. 미국 유수의 대학에서 정교수가 된다는 게요. 테뉴어(정년 보장)를 받는 게 어마어마하게 힘들어요. 주변을 보면 그 과정에서 이혼을 많이 해요. 배우자가 견디기 힘들어서. 가정생활이 없는 거죠. 하버드에선 조교수 하던 20명 중에 한 명도 못 살아남았거든요. 가정을 무너뜨리고 공부할 자신이 없었어요. 제 안사람이 공부 욕심이 저보다 몇 배예요. 지금도 공부하며 밤을 새요. 우리 둘 다 그 짓을 하면 미래가 빤히 보이더라고요. 헤어질 수밖에 없는 거예요."

그는 더 깊은 속내를 털어 놓는다.

"제 연구실이 있는 복도 끝에 중국 교수 연구실이 있었어요. 처음에 전 그분이 교수인지도 몰랐어요. 쓰레기통을 비우기에 청소하는 분인가 했는데, 나중에 알고 보니 미시간대학에서 모셔 온 아주 유명한 교수래요. 연구력이 줄어드니까 어느 순간 실험실을 뺏기고, 일주일에 두 번 학교 와서 수업만 한대요. 미국은 잔인할 정도로 능력 위주니까. 그 사람을 보면서 생각했죠. 나라고 저렇게 되지 말라는 법이 있을까. 솔직히 얘기하면 미국에서 살아남을 자신이 없었어요. 가정도 살리고 한국엔 내 분야가 없으니 그걸 새로 키워 내는 보람도 있지 않을까. 이런 생각도 했지만 진짜 솔직한 심정으론 도망쳐 온 거라고 해야겠죠."

미시간대에 있을 땐 어떤 연구를 하셨습니까? "경제학과 생물학을 접목한 연구를 했어요. 산업경제학 이론을 가지고 새들의 행동을 설명하려고 했어요. 노벨 경제학상 단골 후보인 프린스턴대학 윌리엄 보몰 교수의 경합 시장 이론으로 작업을 했는데 그 양반이 무척 좋아했어요. 프린스턴대학 고등과학원에 자리를 마련할 테니 그리로 오면 안 되겠냐고 해서 한동안 고민도 했죠. 그러다 서울대로 오면서 우리나라에 박사 학위가 제일 많은 분야가 경제학일 테니, 그 교수들 중에 나랑 공동 연구 할 교수가 있을 거라고 생각했죠. 그런데 지금까지 경합 시장 이론 전공을 한 명도 못 만났어요."

미국에 남을 걸 하는 아쉬움은 없습니까? "2008년 미국 월가에서 터진 금융 위기 이후로 경제학이 근본부터 바뀌었어요. 지금 경제학의 주류가 다원, 행동, 신경경제학, 이런 분야거든요. 저는 그걸 20여 년 전에 시작했는데 미시간대학에서 그 일을 계속했다면 그 분야에서 한가락 하고 있지 않을까 하는 생각이 듭니다. 하지만 아까 말한 대로 비겁한 결정을 했는데 뭘 어쩌겠어요. 미국에서 정교수 못 되고 밀리고 밀려서 어디 조그만 대학에서 강의하고 있을지도 모르죠."

1994년 귀국한 그는 새로운 분야를 일구었다. 분자생물학처럼 작은 생물학에 편중된 생물학계에서 그는 큰 생물학을 전공한 몇 안 되는 교수였다. 야생에서 동물을 연구하고 싶은 학생들은 그를 찾아갔다. 개구리, 딱정벌레, 귀뚜라미, 민물고기, 까치 등 학생들이 하고 싶어 하는 연구를 위해 그는 자신의 연구 욕심을 버렸다. 덕분에 20여 년 전 그가 그러했듯 그의 제자들은 대부분 자기 분야의 일인자가 되었다. 대한민국 최초였기 때문이다.

그러고 보면 교수님은 연구 주제가 참 다양하십니다. "제가 SCI 논문을 백 편 이상 썼는데 그만하면 제 분야에서는 세계적 수준에 뒤지지 않아요. 근데 제 논문 목록은 제가 봐도 웃겨요. 어느 하나를 집중적으로 한 게 아니라 까치 몇 편, 딱정벌레 몇 편, 거미 몇 편 이러니

117

까. 제가 유학 시절에 만난 독일 친구는 지금 유럽 전체에서 논문 인용도 5위 안에 드는 학자가 되었어요. 저랑 코스타리카 돌아다닐 때도 뜰채 갖고 다니면서 시클리드라는 관상 물고기를 잡으러 다녔는데, 아직도 아프리카 다니면서 잡고 다니는 거예요. 30년 넘게 하나만 한 거죠. 그 친구가 몇 년 전 저를 찾아와서 저녁 먹고 술 한잔했는데 제가 했던 얘기를 하고 또 하더라요. '야, 나도 말이야, 너처럼 하나만 했으면 너만큼 했어.' 이 얘기를 밤새 하더라요. 마음속에 응어리로 남았었나 봐요."

하나만 할 수 없었기에 여럿을 아우르는 통섭이 가능했는지 모른다. 알다시피 그는 2005년 에드워드 윌슨의 《통섭Consilience》을 국내에 소개했다. 원제목을 적절한 우리말로 번역하기 위해 1년 넘게 고민했다. 옮긴이 서문에서 밝혔듯 "참빗으로 이를 잡듯 이른바 서캐훑이"를 한 끝에 찾아낸 단어가 바로 통섭이다. '큰 줄기(統)를 잡다(攝)'라는 뜻이다.

통섭이 우리 사회의 화두가 되었습니다만 여전히 모호한 구석이 있습니다. 통합, 융합과는 어떤 차이가 있습니까? "통합은 외부 압력에 의해 강제로 섞이는 형식이에요. 통합을 해도 실제론 잘 섞이지 않죠. 융합은 융融의 한자가 '솥 력鬲'에 '벌레 충虫'을 붙인 거예요. 하도 오래 끓이니까 녹아서 김이 빠져나가는데 그게 벌레 모양이라 만든 글자죠. 제가 물 한 잔 하고 나서 '어우, 수소 분자 씹히네.' 이럴 수는 없죠. 수소 분자 둘과 산소 분자 하나가 융합하면 물이 되는데, 융합이 되면 수소 분자를 알아채기 힘들어요. 물이라는 새로운 존재로 재탄생하죠. 형체를 알아볼 수 없을 정도로 녹는 게 융합이에요. 통섭은 융합하곤 또 달라요. 통섭을 해도 원래 것이 없어지진 않죠. 인지과학이 21세기의 총애를 받는 학문이 되었는데, 지난 몇 십 년간 인간의 뇌를 이해하기 위해 심리학, 철학, 진화생물학, 컴퓨터공학, 이런 학문들이 모여서 같이 일하다 보니까 부모 학문의 DNA를 잘 섞은 자식 학문이 태어난 거죠. 인지과학이 태어났다고 철학과가 없어지고 심리학과가 없어진 건 아니에요. 정리하자면 통합은 물리적 합침이고 융합은 화학적 합침이고 통섭은 생물학적 합침이에요."

통섭을 널리 알리시면서 자연 과학 공부를 강조하시는데 일반인이 자연 과학을 알아야 하는 이유가 뭘까요? "우리가 속한 자연은 어마어마하게 복잡한 실체인데 관심의 정도는 달라도 관심이 없는 분은 없을 거예요. 억울한 삶을 살다 가지 않으려면 자연 과학을 공부해야 해요. 과학을 알고 나면 훨씬 많은 게 보이거든요. 20세기가 과학의 시대였다는데 그럼

21세기는 비과학의 시대가 될까요? 아니죠. 더 과학의 시대가 될 수밖에 없어요. 그러니 과학과 담을 쌓고 살 순 없는 거죠."

자연 과학 전공자가 인문학을 배우고 싶으면 책 외에도 사설 아카데미가 많습니다. 그런데 인문학 전공자가 자연 과학을 배우려면 마땅히 갈 곳이 없죠. "그래서 이게 큰일인 거죠. 배움에는 시기가 있어요. 자연 과학은 진입 장벽이 높아서 한 살이라도 어릴 때 배워야 해요. 문화비평학을 70대에 시작하겠다면 그건 가능하죠. 꼼꼼하게 공부하셔서 논문도 쓰고 책도 쓰실 수 있어요. 그런데 70 줄에 들어서 양자역학을 시작하겠다면 정말 죄송하지만 승산이 없다고 봅니다. 수학을 그때 배워서 과연 가능할까요. 물리학을 이해할 수 있을까요. 거의 불가능하죠. 그래서 제가 십 몇 년간 정부에 떠들어 댔어요. 문과, 이과 장벽 없애라고. 앞으로 수명은 점점 길어지고 살아야 할 날들이 많아지는데 자연 과학을 배우지 못한 사람들은 말년에 엄청난 불이익을 당할 수밖에 없다고. 문과 쪽의 일을 하더라도 과학 쪽에 있는 사람들과 협업이 가능한 정도까진 교육을 받아야 한다는 거죠."

어쩌다 듣다 보니 모든 학문이 자연 과학으로 환원되는 느낌도 듭니다. "전 국민이 과학자가 되어야 한다는 건 절대 아닙니다. 과학적 소양을 갖춘 인문학자가 필요하다는 거예요. 지금처럼 절대 다수의 인문학자들이 그런 걸 뭣하러 하냐는 식으로 과학을 업신여겨선 안 된다는 거죠. 오히려 과학이 제대로 가도록 인문학이 이끌어 줘야 해요."

과학 공부에 때를 놓친 사람은 어찌하나요? "대학이 평생 대학이 되어야 해요. 피터 드러커의 말처럼 21세기는 지식의 세기인데 지식의 반감기가 너무 빠르니까 20대 때 배운 걸 60대 때 꺼내서 써먹을 수가 없어요. 대학이 20대 초반의 학생들을 가르치고 뒷짐만 지고 있으면 안 돼요. 끊임없이 배우고 써먹고 또 배워서 새로운 직업을 얻어야 해요."

지금도 평생 학습이니 평생 교육 센터니 하는 말들은 많습니다. "대학이 졸업생을 애프터서비스 해야죠. 직장 멀쩡히 다니는 졸업생을 저녁때마다 학교로 끌고 와서 공부시킬 필요가 없어요. 이화대학 졸업생이 어떤 대기업에 열 명만 있겠어요? 수백 명 있겠죠. 그 수백 명을 상대로 학교가 찾아가면 돼요. 찾아가서 공부시키고 새로운 학위 주고. 이 얘기를 벌써 10년 전부터 떠들고 있는데 어디서도 하는 데가 없어요."

그의 얘기를 경청하노라니 그가 생물학자인지 교육 행정가인지 사회 운동가인지 분간이

가지 않았다. 인터뷰를 진행하는 동안 내가 하는 일이라곤 그의 박물지적 지식에 감탄하는 것뿐이었다. 특히 동물의 사례를 들어 설명할 때는 아는 게 없으니 설사 동의하지 않아도 반박할 수 없었다.

2004년에 호주제가 폐지될 때 교수님의 자문이 큰 역할을 했습니다. 그런데 과학에서 당위를 이끌어 내는 건 자연주의적 오류 아닐까요? "제 지도 교수님인 윌슨 교수님은 자연주의적 오류는 오류가 아니라고까지 반박하는 분이에요. 자연에서 보편적으로 나타나면 그게 진리지 왜 오류냐는 거죠. 그때 전 단정적 결론을 내리지 않았어요. 이렇게 얘기했죠. '우리나라의 호주제는 자연계의 일반적 현상에 비추어 볼 때 보편적이지 못합니다. 자연계 어디에도 없습니다. 그것만을 말씀드리는 겁니다. 사회적으로 받아들일 수 있는가 하는 가치 판단은 재판관님들이 하셔야 할 몫입니다.' 물론 제가 자연주의적 오류에 완벽하게 깨끗하다고 얘기할 수 없을지는 모르지만 그래도 범하지 않으려고 상당한 노력을 했어요."

호주제가 폐지될 때 남성계의 항의가 대단했죠? "연구실 전화를 못 썼어요. 어떤 날은 전화를 받으면 바로 쌍욕이죠. '너는 뭐 안 달렸냐.' 주로 어르신들이 그러셨어요. 제가 '어르신, 이건 예의가 아닙니다. 누구신지 밝히시고 저랑 서로 예의를 갖추고 정상적 대화를 하시면 안 됩니까.' 하니까 '내가 너 같은 놈하고 그렇게 하겠냐.' 몇 달간 전화 코드를 뽑고 살았어요. 제가 전화할 때만 꽂고. 핸드폰이나 SNS가 있던 시절이었다면 더 고생했겠죠. 아마 박살이 나지 않았을까 싶은데……."

그렇게 두들겨 맞으면서도 할 말은 다 하고 사셨습니다. 4대강 사업 반대도 그렇고 동강댐 건설 반대도 그렇고. 항간에선 '사회 참여형 생물학자'란 얘기도 하더군요. "태생적으로 저는 좀 비겁한 사람이에요. 안사람에게 늘 비겁하다고 야단맞고 살아요. 용기 있게 나서서 뭘 해 본 기억이 별로 없어요. 돌이켜 보면 퍽 용기 있는 일들을 했지만 그걸 용기라고 표현하기엔 자신이 없어요. 어쩌다 보니 용단을 내린 일들이 제 인생에 반복적으로 일어났어요. 이삼 년 전부터 스스로를 돌아보게 되는데, 왜냐면 사회에서 자꾸 그런 요구가 들어와요. 누가 뭔가를 할 때 저한테 와서 나서 달라는 거예요. 혹시 내가 어떤 상징적 존재로 슬슬 비춰지기 시작하나. 그런 것들이 조금씩 부담스러워지기 시작했어요. 내가 그런 사람인지 돌아보기도 전에, 깊은 성찰이 있기도 전에 그런 상징적 존재가 되어 버리면 그건 제가 감당할 수 있는 일이 분명히 아니잖아요. 그래서 그동안 제가 해 온 일들을 쭉 돌이켜 봤더니, 제가 나선 건 별로 없더라고요."

고해 성사를 하듯 그는 담담히 말했다.

"비겁하게 숨다가 더 이상 못 숨을 단계가 되면 '기왕에 이리 된 거 그럼 하지 뭐.' 대체로 그렇게 됐더라고요. 스스로 평가하다 보니까 되게 지질한 거예요. 그러다 찾아낸 단어가 양심이에요. 언제부턴가 우리 사회에서 별로 안 쓰는 단어인데 제가 어렸을 땐 참 많이 썼어요. 2년 전인가 그 단어가 떠오르면서 그래도 끝에 가서는 밝은 곳으로 기어 나와서 '난 그렇게 생각 안 한다.' 하고 두들겨 맞고 다시 일어나고. 이걸 반복하는 과정에서 저를 붙들어 준 게 양심이었다는 생각이 들었어요. 겁은 나지만 그 양심을 어쩌지 못해서 '에라, 모르겠다. 해 보자.' 하고 나오고 또 나오고 그랬던 게 아닌가. 마크 트웨인이 그랬다죠. '우리나라에는 말할 수 없이 소중한 세 가지가 있는데, 언론의 자유, 양심의 자유, 그리고 이 두 가지를 절대로 사용하지 않는 현명함이다.'라고요. 결국 제가 현명하지 못한가 봅니다. 허허."

정치 성향은 진보와 보수 중 어느 쪽에 가까우신가요? "아무래도 진보 성향일 거예요. 사회 이슈에 제가 한 발언들을 보면 진보적인 사람이죠. 호주제 폐지 때도 페미니즘에 가까운 생각을 했고, 개발보다 환경을 보전하자는 발언들을 끊임없이 했고. 사회 문제가 아니고 일상을 보더라도 저는 진보적 성향인 것 같아요."

가정에서 아침 식사 준비와 설거지는 그의 담당이란다.

한편으론 이런 생각도 듭니다. 진화론자이시니까 개혁보다는 점진적 개선을 취하는 보수주의자가 아닐까 하는. "우리나라에서 얘기하는 보수와 진보는 참 어색한 구분이라고 생각해요. 문자 그대로 하면 보수는 현 상태를 안 바꾸고 싶어 하는 건데, 그런 사람이 어디 있겠어요. 누구나 다 조금씩은 진보하고 있잖아요. 다만 진보의 속도나 정도의 차이가 있는 거죠. 보수는 점진적 진보고, 진보, 그러니까 우리 사회에서 얘기하는 좌파는 개혁적 진보일지 모르죠. 그래도 제가 생각하는 여러 생각들을 전체적으로 놓고 정량적으로 점수를 매기라면 아마 저는 진보에 가까운 사람이겠죠. 하지만 우리 사회가 사람들을 좌우로 편 가르는 것에 대해선 찬성하지 못합니다. 우리는 이슈에 따라 입장이 다른데 여기냐 저기냐를 따진다는 게 어려운 거죠. 그런 점에서 저는 좌파도 우파도 아닌 양파예요."

122

경쟁만능주의 사회에서 우리가 참고할 만한 동물이 있을까요? "제가 최근에 많이 얘기하는 단어가 있어요. Coopetition이라고 cooperation(협력)과 competition(경쟁)의 합성어에요. Coopertition이라고 쓰는 사람도 있어요. 이건 cooperation이 더 강조된 거죠. 우리가 지나치게 경쟁만 강조하는 문화권에서 살고 있는데 원래 인간이 그러고 사는 것만은 아니에요. 옛날엔 공동체 의식이 강했던 시절도 있었고. 자연계를 들여다보면 공생 같은 여러 종류의 삶의 형태가 있는데 현대에 들어서 이상하게 경쟁만 강조되고 있어요. 고래들이 돕고 산다, 흡혈박쥐가 피를 나눠 먹고 산다, 이런 예를 한두 개 드는 것보다 경쟁만 강요되는 인간 문화를 심각하게 검토해 봐야 할 것 같아요."

그렇다고 아예 경쟁을 포기할 순 없지 않습니까? "경쟁에서 이기기 위해 협력하는 거예요. 그래서 저는 이 단어를 경협이라고 쓰는데 경쟁적 협력이란 거죠. 남을 돕는 것이 궁극적으로 나를 돕는 일이란 것을 생물학적으로 설명할 수 있거든요. 어느 정도는 남과 협력하면서 때로는 져주는 삶이 끝에 가면 총합으로 볼 때 훨씬 유리한 삶이 될지도 모른다는 것을 연구하고 검토하고 필요하다면 채택할 필요가 있다는 얘기예요. 그런 과정에서 배울 점이 있는 동물은 수없이 많죠."

앞으로의 꿈은 뭔가요? "제인 구달 박사님을 모시고 2013년에 생명다양성재단을 만들었어요. 죽을 때까지 재단 일을 열심히 할 겁니다. 그래서 생명 사랑의 정신을 세상에 퍼트리는 그런 일을 많이 하고 싶어요."

개인적인 욕심은 없습니까? "하나 보태라고 한다면 길이 남을 책, 영어로 tome라고 하는데 '큰 책'이란 뜻이에요. 달리 말하면 '역작'도 되겠죠. 제가 책을 많이 썼지만 길이 남을 책을 쓴 것 같진 않고, 그런 책을 하나 남기면 어떨까. 끊임없이 그 생각을 하면서 삽니다."

그 책은 어떤 책이 될까요? "지금 생각으론 '생명'이라는 제목의 책을 쓰지 않을까 싶어요. 생물학적 논의뿐만 아니라 종교적 논의도 하고 예술적 논의도 하고. 굉장히 통섭적인 '생명'이란 두툼한 책을 완성해 보면 어떨까. 꿈은 그래요."

그는 말한다. 언젠가 과학을 시로 쓰겠다고. 인터뷰를 마치고 교정을 걸어 나왔다. 언덕 위의 오래된 벚나무들은 오후의 빛을 받아 금빛으로 반짝였다. 나무 그늘 아래 벤치에 앉아 캔 음료를 마셨다. 개미 한 마리가 탁자 위를 지나가고 있었다. **b**

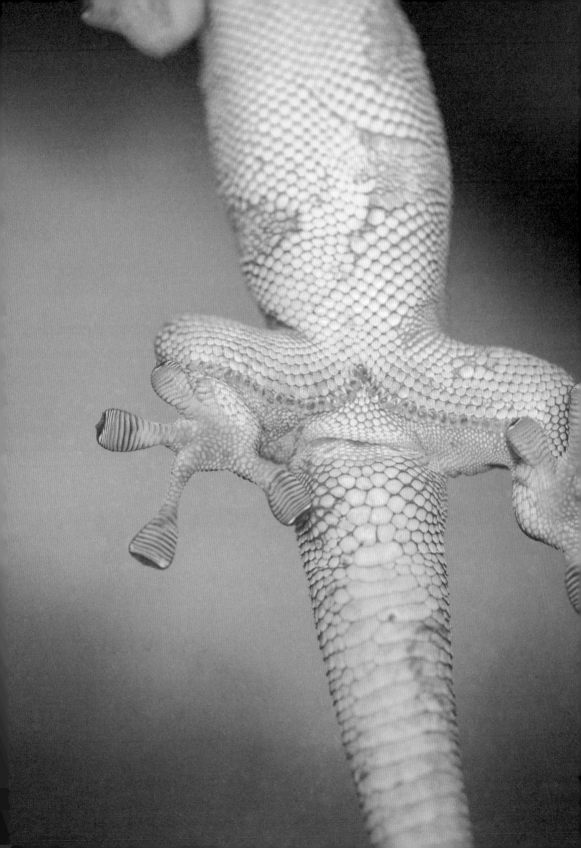

COLLEAGUE I

제인 구달Jane Goodall은 침팬지 행동 연구의 최고 권위자다.
최재천과는 첫 방한 때 인터뷰로 만나 20년 가까이 우정을 쌓아 왔다.

1960년 스물여섯의 제인 구달은 아프리카 탄자니아 밀림으로 들어가 10년을 눌러앉았다. 침팬지들이 육식을 하고 도구를 쓴다는 발견은 영장류에 대한 이해를 완전히 뒤집어 놓았다. 미모의 금발 백인 여성이 다리를 훤히 드러낸 반바지를 입고 덤불에 앉아 있는 사진 또한 적지 않은 충격이었다.

1996년 최재천은 《과학동아》로부터 전화를 받았다. 처음 내한하는 제인 구달 박사를 인터뷰해 달라는 요청이었다. 그는 구달을 만나 《내셔널지오그래픽》을 건네며 사인을 요청했다. 그녀의 특집 기사와 최재천의 박쥐 연구 기사가 함께 실린 호였다. 그렇게 시작된 둘의 우정은 20년 가까이 이어졌다. 최재천은 구달의 환경 운동 프로그램인 '뿌리와 새싹Roots&Shoots'의 국내 활동을 도왔고, 구달은 최재천이 설립한 '생명다양성재단'의 명예이사를 맡아 자주 방한했다. 국립생태원에는 그녀의 80세 생일 맞아 조성된 '제인 구달 길'이 있다.

어린 시절이 궁금합니다. 늘 동물들이 가까이 있었나요? "집에 꽤 큰 정원이 있었어요. 새들과 친해지려고 나무에 올라가 몇 시간씩 앉아 있곤 했지요. 정원에서 거미와 개미들도 만났어요. 애벌레를 잡아 나비가 되어 날아가는 걸 보기도 했고요. 애완견 러스티Rusty와는 열네 살에 만나 뗄 수 없는 사이가 됐어요. 러스티는 특별히 똑똑했기 때문에 동물 행동에 대해 많은 걸 느끼게 했어요. 어린 시절 내내 저는 동물에 관한 책을 읽으며 자랐습니다. 그 땐 텔레비전이 없었거든요."

아프리카엔 어떻게 가게 되신 건가요? "열 살 때 《타잔Tarzan of the Apes》을 읽은 뒤부터 아프리카에 가고 싶었어요. 야생 동물들과 함께 살며 그들에 대한 책을 쓰는 게 꿈이었죠. 모두들 웃었지만요. 아프리카는 너무 멀고, 우리 집은 돈이 별로 없었고, 전쟁이 한창이었어요. 게다가 저는 어린 소녀였죠. 소년들에게만 그런 모험의 기회가 주어지는 것 같았어요. 하지만 제 어머니는 항상 말씀하셨어요. '좋은 기회가 올 테니 절대 포기하지 마.' 스물두 살 때 케냐에 살던 학교 친구로부터 놀러 오라는 편지를 받았어요. 그때부터 아프리카에 가기 위해 호텔에서 웨이트리스로 일했습니다."

왜 침팬지 연구를 결심했습니까? "케냐에서 유명한 인류학자이자 고생물학자인 루이스 리키Loise Leakey 박사를 만났고 함께 일할 행운을 얻었어요. 리키 박사는 침팬지를 연구할 사람을 찾고 있었어요. 그는 인간과 유인원이 공통의 조상을 갖고 있을 것이라 믿고 있었습니다. 아프리카 여러 곳을 다니며 연구를 했는데 그중 한 곳에 저를 데려간 거예요. 그때 저도 침팬지 연구를 결심했어요."

1960년에 연구를 위해 탄자니아 침팬지 보호 구역으로 들어가셨습니다. "탕가니카 호수에서 보트를 타고 곰비 국립 공원으로 들어가면서 울창한 숲과 골짜기, 급경사들을 봤어요. 여기서 어떻게 침팬지들을 찾을 수 있을까 생각했죠. 호숫가에 발을 담갔을 때는 마치 꿈을 꾸는 듯했어요. 그런데 '하얀 유인원White Ape'을 한 번도 본 적 없는 침팬지들이 저를 보고 도망가기만 하는 거예요. 그게 가장 큰 문제였죠."

젊은 여성으로서 밀림 생활이 두렵진 않았나요? "제가 여성이라서 크게 다른 점이 있었다고 생각하지 않아요. 물론 두려운 순간은 있었어요. 숲에서 야영을 할 때 가까이서 표범 소리가 들리기도 했죠. 실수로 버펄로에 너무 가까이 다가갔는데 운 좋게도 바람이 반대 방향으로 불어 제 냄새가 그쪽으로 날아가지 않았던 적도 있고요. 침팬지들도 한동안 저를 마치 천적처럼 대했어요. 소리를 지르고, 나뭇가지를 휘두르고, 바위를 던지기도 했죠."

침팬지의 마음을 어떻게 얻으셨어요? "항상 같은 색 옷을 입었어요. 그들에게 관심이 없는 척했고, 땅을 파고 나뭇잎을 먹는 시늉을 했어요. 어느 날 남들보다 경계심이 덜했던 한 수컷이 제 캠프로 와서 테이블에 있던 바나나를 가져갔어요. 그에게 전 데이비드 그레이비어드David Greybeard라는 이름을 붙였어요. 그 후엔 제 손에 있던 바나나를 가져갔어요. 그러던 어느 날 데이비드가 숲 속에서 나왔어요. 다른 침팬지들은 도망갈 준비를 하는데 그는 잠자코 있었죠. 그 후로 다른 침팬지들도 점점 저를 신뢰하게 된 것 같아요."

침팬지들을 번호로 부르던 관습을 깨고 사람처럼 이름을 붙였습니다. 데이비드, 플린트, 그리고 플로라는 이름을 선택한 이유가 있습니까? "데이비드 그레이비어드는 흰 수염을 가지고 있어서 그렇게 이름 붙였어요. 영국에선 흰 수염의 노인을 그레이비어드라고 부르거든요. 플로는 나이 든 여성에게 어울리는 이름이라 붙였는데 발정기 때 수컷들에게 꽤 인기가 있었어요. 플린트는 그녀의 아들이라 역시 F로 시작하는 이름을 붙였죠."

침팬지들과 50년이 넘는 시간을 함께했습니다. 언제 가장 행복하셨나요? "첫째는 제가 가까이 가도 침팬지 무리가 도망가지 않던 그 순간. 그들은 아무렇지 않게 저를 바라봤고 털손질을 계속했어요. 둘째는 처음으로 침팬지들이 도구를 만들고 사용하는 걸 봤을 때. 그때 전 리키 박사가 얼마나 흥분할지 생각했죠. 셋째는 침팬지들을 저를 받아 준 이후의 매일, 매주, 매달. 그때 본 모든 것들이 새로웠고 날마다 무언가를 배울 수 있었어요."

제인이라는 이름에서 타잔이 연상됩니다. 야생과 참 잘 어울리는 이름이네요. "전 강의를 할 때마다 얘기해요. 열 살 때 《타잔》을 읽으며 제가 얼마나 격렬하게 그와 사랑에 빠졌는지. 그리고 타잔과 결혼한 '다른 제인'을 얼마나 질투했었는지. 하하."

《네이처Nature》(2014)에 따르면 침팬지의 폭력은 인간이 서식지를 파괴했기 때문이 아니라 침팬지의 선천적 특성이라는 연구 결과가 있습니다. 어떻게 생각하십니까? "그 연구에 대해서 자세히는 모릅니다. 그러나 침팬지에게 선천적인 폭력 경향이 있고, 인간에게도 있다는 건 확실히 알아요. 둘의 공통된 조상으로부터 비롯된 거니까요. 인간과 다름없이 침팬지도 사랑과 연민, 이타적 행동들을 보여 줍니다."

동물 권리를 신장하는 것이 아직 우선순위가 아니라는 사람들도 있습니다. "인간의 삶을 개선하는 일은 중요합니다. 그러나 우리가 자연과 조화를 이루며 사는 것을 배우는 것도 중요해요. 많은 동물들이 과학자들이 처음 발견한 것보다 더욱 지능적인 건 확실해요. 문어는 놀라울 정도로 똑똑하고 도구를 사용할 수도 있어요. 중요한 건 동물들도 고통, 행복, 슬픔, 두려움, 절망, 분노 같은 감정을 느낀다는 점이에요. 유머 감각도 갖고 있어요. 우리는 이 행성을 파괴하고 있어요. 이대로 계속되면 우리 아이들을 멸종시킬지도 모릅니다."

1996년 최재천 원장과 인터뷰로 처음 만나셨다고 들었습니다. 두 분이 어떻게 가까워지셨나요? "첫 만남이 무척 인상 깊었어요. 전 그가 저처럼 동물의 행동뿐 아니라 복지에 대해서도 관심을 가진 과학자임을 바로 알 수 있었어요. 우린 개미와 침팬지에 대해 긴 대화를 나눴고, 깊은 공감을 이루었어요."

당신의 80세 생일 선물로 최재천 원장이 국립생태원에 당신의 이름을 딴 길을 만들었습니다. 직접 걸어 보시니 어떻던가요? "'제인 구달 길'을 걷는다는 건 엄청난 영광이었죠. 평생 가장 기억에 남는 생일 선물이에요. 제 첫 텐트와 소품들을 세심하게 재현한 걸 보고 감동받았어요. 그건 단순한 길이 아니라 제가 걸어온 배움의 여정이고, 그 길을 걷는 아이들에게도 멋진 체험이 될 거라고 생각해요."

항상 몸에 지니고 다니는 봉제 원숭이 인형은 누가 선물한 건가요? "이 인형은 Mr. H에요. 21세에 시력을 잃은 개리 혼Gary Haun이 25년 전에 생일 선물로 줬어요. 모두가 불가능하다고 했지만 그는 많은 노력 끝에 마술사가 되었어요. 관객들은 그가 눈이 먼 줄도 몰라요. 쇼가 끝날 무렵 그는 얘기합니다. '어떤 나쁜 일이 일어나더라도 결코 포기하지 마세요. 길은 열려 있습니다.' 참 많은 영감을 주는 분이죠. 그가 이 인형을 주면서 말했어요. '당신이 가는 모든 곳에 이 인형을 데려가세요. 늘 제가 마음속에 함께하며 지켜 드리겠습니다.' 그 후 Mr. H와 난 61개국을 함께 여행해 왔어요."

환경 운동을 위해 1년에 300일 이상 세계를 누비고 계십니다. 다음 여정은 어디신가요? "5월부터 전 네덜란드, 콩고, 오스트리아, 독일, 아부다비, 우간다, 케냐 그리고 아들 가족이 사는 탄자니아에 있었어요. 지금은 영국 윈저 성이 주최하는 '뿌리와 새싹' 연중행사에 참석하기 위해 영국으로 가는 비행기 안에 있습니다. '뿌리와 새싹'은 세계 135개국의 젊은이들이 참여하는 글로벌 환경 운동이에요. 한국에도 그룹이 있고, 최 원장님께서 많은 도움을 주고 계십니다."

요즘은 무엇을 위해 기도하십니까? "'뿌리와 새싹'의 목표 중 하나인 인간과 대자연이 공존하는 방법을 찾기 위해 더욱 정진하기. 인구 증가를 막고, 멸종 위기 종을 구하고, 공기와 물과 땅의 오염을 멈출 방법을 찾기를. 다시 말하면, 정신 차리자!"

과거로 돌아간대도 다시 밀림에 가실 건가요? "두말할 것도 없이, 당연하죠." **b**

COLLEAGUE II

댄 펄만Dan Perlman은 최재천과 하버드대학교 박사 과정을 함께 했다.
아즈텍개미를 함께 연구했던 그들은 서로에게 둘도 없는 동료이자 스승이었다.

미국 브랜다이스대학교 생태학과의 댄 펄만 교수를 이메일로 인터뷰했다. 최재천과 댄 펄만은 하버드대학교 박사 과정에서 만나 깊은 우정을 쌓았다. 댄 펄만은 최재천을 '제이'라고 불렀다.

어떻게 생태학자의 길을 걷게 되셨나요? "세 살 때부터 생물체에 매력을 느꼈어요. 학창 시절에 저를 본 모든 사람들은 제가 생물학자가 될 걸 알았죠. 대학 졸업 후 컴퓨터 프로그래머로서 첫 직장 생활을 할 동안은 잠시 생물학을 떠나 있었지만 결국 돌아왔습니다."

최재천 교수는 하버드 시절 학생으로서, 친구로서 어땠습니까? "제이는 좋은 친구이자 멘토였어요. 동물 행동과 생태에 대해 많이 알았고, 어떻게 해야 성공한 대학원생이 되는지도 잘 알고 있었죠. 박사 과정 때 저의 가장 훌륭한 선생님이었어요. 항상 자기 시간을 기꺼이 내줬고 함께 아이디어를 공유하려 했어요."

두 분은 어떻게 친해지셨나요? "처음 만나자마자 친해졌어요. 아내들끼리도 금세 좋은 친구가 됐죠. 우린 지난 30년 동안 추억이 정말 많아요. 이렇게 오래되었다는 게 믿기지 않네요. 거의 해마다 그들 부부는 저희 집을 방문해요. 올해도 아마 곧 만날 수 있을 것 같아요."

함께 정글에 계실 때 기억나는 에피소드가 있다면? "트럼펫나무에 사는 아즈텍개미를 연구하는 게 엄청나게 재미있었어요. 나무를 자를 때 속에 뭐가 있을지 전혀 알 수 없거든요. 여왕개미가 속으로 들어가는 걸 봐도 여전히 살아 있을지는 알 수 없죠. 그 안에 한 마리가 있을지, 26마리(한 부분에서 최고로 많이 발견한 여왕개미의 개체 수)가 있을지, 어떤 종의 아즈텍개미가 있을지."

아즈텍개미 연구가 특별했던 이유라도 있나요? "아즈텍개미를 연구해 보라고 제이가 제
안했어요. 동물 사회의 주요한 질문 중 하나가 '왜 동물들은 무리 지어 사는가?'예요. 이점
도 있지만 비용도 많이 들거든요. 질병이 생길 가능성도 커지고, 동료와 먹이를 놓고 경쟁
해야 하니까요. 그럼에도 생물이 무리 지어 살도록 진화한 데는 크게 두 가지 이유가 있어
요. 가까운 친척과 함께 살면 자식뿐만 아니라 친척을 통해서도 자신의 유전자를 전달할 수
있죠. 이걸 '혈연 혜택Kinship Benefits'이라고 해요. 친척이 아니어도 집단생활엔 이점
이 있어요. 먹이 사냥을 돕는다거나 포식자에 대한 방어에 유리하죠. 이를 '상리 공생 혜택
Mutualistic Benefits'이라 합니다.

1980년대에 아즈텍개미 연구를 시작했을 때 각각의 개미가 친척인지 아닌지 알아내는 데
시간과 비용이 엄청 들었어요. 그래서 혈연 혜택이나 상리 공생 혜택이 집단생활 진화의 원
동력인지 확인하기 어려웠죠. 그런데 아주 흥미로운 사실을 발견했어요. 개미는 세 가지 방
식 중 하나로 새로운 군락을 건설해요. 한 마리의 여왕이 있거나 같은 종의 여왕 무리가 있
거나, 두 종의 여왕 무리가 있죠. 다른 종의 여왕들이 연합해서 군락을 형성한다면 상리 공
생 혜택이 집단생활의 진화에 중요하다는 강력한 증거가 돼요. 제가 아는 한 아즈텍개미는
다른 종의 개미들이 함께 군락을 형성하는 유일한 개미예요."

**최재천 교수가 《개미제국의 발견》이라는 책에서 교수님이 촬영한 사진을 실었습니다. 홈
페이지(www.ecolibrary.org)에도 많은 자연 사진을 공유하고 계신데, 사진을 배우신 건
가요?** "고등학교 때부터 사진 찍는 걸 즐겼어요. 제이와 함께 대학원에 있을 때 우리 동료
중 하나가 자연 사진을 아주 잘 찍었죠. 특히 개미처럼 작은 생물을요. 그를 만난 뒤부터 전
문적으로 찍기 시작했어요. 또 아내와 제가 코스타리카에 살 때 이웃에 세계 최고의 자연 사
진작가가 두 명이 있었어요. 그들에게 제 사진에 대한 피드백을 요청했고, 좋은 사진과 나쁜
사진을 구별할 수 있게 됐어요. 정규 교육을 받은 건 아니지만 그 분야에서 세계 최고인 사
람들에게 일대일 수업을 받은 셈이죠."

이제까지 찍은 사진 중에 가장 희귀하거나 놀라운 동식물은 뭔가요? "1985년 코스타리카
몬테베르데 지역에서 황금두꺼비를 찍은 적이 있어요. 그들은 아주 제한된 지역에만 있었지

만 꽤 많은 수가 살고 있는 것처럼 보였습니다. 그로부터 4년 뒤엔 오직 한 쌍만이 보였다고 하는데, 그 후 다시는 황금두꺼비를 본 사람이 없어요. 멸종된 겁니다. 그들을 찍은 사진은 황금두꺼비가 지구상에 존재했고, 제가 그 생명체를 봤다는 사실의 기록이에요."

강연을 위해 2002년에 한국을 방문하셨다죠? "처음이자 유일한 한국 여행이었어요. 굉장했죠. 제이 부부와 오랜 우정을 쌓아 오면서 저희 부부도 한국 음식에 푹 빠져 있었어요. 매일 훌륭한 음식을 먹으니 천국에 온 것 같았죠. 가장 인상 깊었던 건 40~50년 전의 한국에 비해 현재의 한국은 정말 많이 달라졌다는 거예요."

개미 연구로부터 생태학과 보존생물학으로 영역을 넓혀 오셨습니다. "개미에 관한 제 연구는 생태학적 관점에서 이루어졌으니 그때부터 생태학에 초점을 맞춘 셈이죠. 그런데 1980년대 후반 코스타리카에서 연구할 때 얼마나 많은 숲이 사라지는지 보았어요. 개미의 행동을 연구하는 사람이 한 명 더 늘거나 준다고 해서 큰 변화가 있지는 않을 것 같았어요. 하지만 보존생물학자가 된다면 진정한 변화를 이끌어 낼 수 있으리라 생각했죠. 특히 강의를 통해서요."

요즘은 어떤 연구를 하십니까? "수년 간 보존생물학을 연구한 뒤에 지금은 인간 학습 Human Learning 연구에 깊이 빠져 있어요. 특히 장기적 학습에 관심이 많아서 제자들과 함께 25년째 연구 프로젝트를 진행하고 있습니다."

생태학자가 되신 걸 후회한 적은 없나요? "단 1초도 없어요. 저는 한때 컴퓨터 프로그래머였어요. 좋은 직업이었지만 생태학자의 길로 들어선 걸 후회한 적은 한 번도 없었습니다. 1980년 초반에 컴퓨터는 사양 산업이었어요. 그래서 전 주위에 늘 있던 것들 중에 공부할 거리를 찾았죠. 그게 개미였어요."

교수님께 자연은 어떤 곳입니까? "가장 평화롭고 행복하고 고요한 곳이라고 말하고 싶어요. 자연으로 갈 때마다, 그곳이 집 근처 작은 공원이라도 시간을 가지고 관찰하면 늘 놀라운 뭔가를 발견하거나 듣거나 냄새를 맡을 수 있어요."

마지막으로 한국의 독자들과 최재천 교수에게 남기고 싶은 말씀이 있다면 해 주세요. "먼저 독자들에게. 최재천이 얼마나 놀라운 사람인지 알게 되기를 바랍니다. 그는 과학자로서, 그리고 친구로서 진정한 보물이에요. 그리고 제이 부부에게. 보스턴에 언제 올 거야?" **b**

LECTURE

최재천은 21세기의 새로운 인간상으로 '호모 심비우스'를 제안한다.
시인의 마음을 지닌 과학자 최재천의 TEDx 영어 강연을 통역해 옮겼다.

저는 동물 행동의 진화를 연구하는 진화생물학자입니다. 개미, 까치, 자바긴팔원숭이 같은 동물들의 진화를 연구하는 일은 항상 과거를 추적하는 일입니다. 자, 그러면 여러분을 아주 먼 과거의 어느 출발선으로 데려가겠습니다.

우주의 시작입니다. 모든 것이 빅뱅에서 비롯했습니다. 우주의 전체 역사를 1년으로 요약한다고 합시다. 우리 은하는 5월의 어느 날 나타났고, 지구는 9월이 시작될 즈음 나타났습니다. 생명이라고 말할 수 있는 것들은 10월경에 출현했습니다. 영화 〈쥐라기 공원〉으로 모두가 알고 있는, 공룡이라는 커다란 동물들도 이 행성에서 얼마간 뛰어다녔습니다. 대략 크리스마스 즈음에 나타나 금세 사라졌습니다.

인간이라고 할 수 있는 존재—우리와 같은 인간이 아닌 초기의 인간—는 1년의 마지막 날, 심지어 아침도 아니고 오후도 아닌 매우 늦은 밤에야 등장했습니다. 제가 여기서 말하고자 하는 것은 우리 인간이 이 우주와 행성에서 가장 어린 막내라는 사실입니다. 우리는 주장합니다. 인간이 이 행성을 소유하고 있다고. 역사 속의 숱한 '빅 이벤트'들이 그런 인식을 부추겨 왔습니다. 농업 혁명? 불과 20초 전입니다. 기독교에서 말하는 예수님께서 우리를 구원하러 오신 건 4초 전입니다. 우리는 인간이 고도로 문명화된 동물이라고 생각하지만 르네상스는 바로 1초 전에 일어났습니다.

여러분께 말씀드립니다. 지구라는 행성에서 인간이라는 존재는 매우 미미합니다. 그러나 우리가 한 일들을 보십시오. 이제까지 지구가 경험하지 못했던 거대한 환경 재난을 만들어 내

142

THE COSMIC CALENDAR

방대한 시간을 이해하기 위한 가이드
우주 캘린더 by Carl Sagan

| FEB | MAR | APR | MAY | JUN | JUL | AUG | SEP | OCT | NOV | DEC | NOW |

JAN 1
00:00:00
우주가 태어나다

태양계의 기원	Sep 09, 00:00:00
지구의 기원	Sep 25, 00:00:00
첫 해양 플랑크톤, 삼엽충 번성	Dec 18, 00:00:00
오르도비스기, 첫 물고기, 첫 척추동물	Dec 19, 00:00:00
첫 식물, 식물들이 육지를 식민지화하기 시작	Dec 20, 00:00:00
데본기, 첫 곤충, 동물들이 육지를 식민지화하기 시작	Dec 21, 00:00:00
석탄기, 첫 나무, 첫 파충류	Dec 23, 00:00:00
이첩기(페름기) 시작, 첫 공룡	Dec 24, 00:00:00
트라이아스기, 첫 포유류	Dec 26, 00:00:00
쥐라기 시기, 첫 새	Dec 27, 00:00:00
백악기, 첫 꽃, 공룡 멸종되다	Dec 28, 00:00:00
신생대와 제3기 시작, 첫 고래목 동물, 첫 영장류	Dec 29, 00:00:00
영장류의 뇌에서 전두엽 진화, 첫 인류	Dec 30, 00:00:00
첫 인간	Dec 31, 23:46:00
농사의 발명	Dec 31, 23:59:20
신석기시대 문명, 첫 도시	Dec 31, 23:59:35
수메르, 에블라, 이집트에서 첫 왕조, 천문학의 발전	Dec 31, 23:59:50
청동의 사용, 미케네 문화, 트로이 전쟁, 나침반 발명	Dec 31, 23:59:53
철의 사용, 첫 아시리아 제국, 이스라엘 왕조	Dec 31, 23:59:54
인도 아쇼카, 중국 진 왕조, 석가모니 탄생	Dec 31, 23:59:55
로마 왕조, 예수 탄생	Dec 31, 23:59:56
0과 십진법 발명, 이슬람과 이슬람 문명 탄생	Dec 31, 23:59:57
유럽에서 르네상스	Dec 31, 23:59:59

1주 전

10초 전

5초 전

DEC 31
23:46:00
인간이 출현하다

0.16초 = 평균 인간 수명

1초 = 475년
1분 = 2만 8천5백 년
1시간 = 170만 년
1일 = 4천1백만 년
1개월 = 13억 년
1년 = 150억 년

고 있습니다. 해마다 《타임》지는 올해의 인물을 발표합니다. 1988년 그들은 인물 대신 '위기에 처한 지구'를 택했습니다. 지구가, 인간이 정말 큰 위기에 처했기 때문입니다.

우리도 모르는 사이에 엄청난 일이 벌어지고 있었습니다. 그 사실을 여러분도 저도 한 남자로부터 들었습니다. 미국의 전 부통령인 앨 고어였습니다. 그는 《불편한 진실》이라는 책으로 많은 이들에게 기후 변화가 얼마나 심각한 문제인지 알려 2007년 노벨 평화상을 받았습니다. 훌륭한 다큐멘터리도 만들었습니다. 과학자들은 기후 변화 문제를 더 자세히 들여다보게 되었습니다. 기후 변화의 진실은 앨 고어가 말했던 것보다 훨씬 더 불편합니다. 정말, 정말 불편한 진실입니다.

우리는 기후 변화를 체감하고 있습니다. 서울은 무척 덥고 습해졌습니다. 모두 입을 모아 말합니다. "지구 온난화가 진짜구나." 그러나 기온 상승은 사실 문제가 아닙니다. 진짜 문제는 기온이 상승하면서 엄청나게 많은 생물 다양성을 잃는다는 것입니다. 지구의 환경 시스템이 파괴되는 것이 진짜 위기입니다. 하지만 생물 다양성의 감소는 대중에게 호소하기가 어렵습니다.

북극곰에 대해 얘기해 보겠습니다. 북극곰은 요즘 익사하고 있습니다. 과거에는 잠수해서 먹이를 잡고 나오면 가까운 곳에 항상 얼음이 있어 그 위에 올라갈 수 있었습니다. 그런데 요즘은 수면 위로 올라오면 얼음이 너무 멀리 있습니다. 헤엄쳐서 가다가 지쳐 죽고 맙니다. 이런 이야기를 저나 여러분이 9시 뉴스에서 듣는다고 합시다. 누구든 슬퍼할 것입니다. 그런데 10초 뒤 어느 정치인이 뇌물을 받았다는 뉴스가 나옵니다. 우리는 금방 북극곰을 잊게 됩니다. 북극곰은 우리가 매일 피부로 느끼는 기후 변화 문제와는 다릅니다. 생물 다양성 문제는 우리 일상이 아닌 다른 어떤 곳에서 벌어지고 있습니다. 이게 문제입니다.

개인적으로 저는 약간 다른 경험을 갖고 있습니다. 황금두꺼비라고 불리는 동물이 있습니다. 1980년대에 저는 연구차 코스타리카의 몬테베르데라는 지역을 이따금 찾았습니다. 그곳 산기슭에서 저는 한밤중에 황금두꺼비를 두 번 봤습니다. 정말 놀라울 정도로 아름다웠습니다. 그런데 그 뒤로는 그들을 한 번도 볼 수 없었습니다. 공식적으로 황금두꺼비는 멸종했습니다. 한 동물을 알고 있었는데 그 동물이 더 이상 지구 상에 존재하지 않는다는 것. 정말 이상한 기분입니다. 그래서 저도 모르게 이런 짓을 했습니다. 인도네시아에 가서 밤에 헤드라이트를 켜고 그들을 찾아다녔습니다. 황금두꺼비는 인도네시아에 없습니다. 저도 압니다. 그래도 혹시나 하는 마음에, 아마 그들이 이사를 가서 우리가 찾을 수 없었을지도 모른다고 생각하며 정글을 헤맸습니다. 그러나 그들은 멸종되고 말았습니다. 그게 아마 사실일 것입니다.

우리는 황금두꺼비처럼 사라지고 있는 종들을 찾아내야 합니다. 지구 역사상 다섯 번의 대멸종이 있었습니다. 지금 우리는 여섯 번째 중대한 멸종을 앞두고 있습니다. 이전과 다른 점이 있다면 지난 다섯 번은 모두 자연재해로 일어났지만, 여섯 번째는 자연재해와는 아무 관련이 없다는 것입니다. 여섯 번째 멸종이 일어난다면 그 이유는 아주 많은 문제를 일으킨 단 하나의 종, 바로 인간 때문입니다.

생물학자들은 분류를 좋아합니다. 새로운 생물 종을 발견하면 가장 관련이 있는 것들끼리 그룹으로 묶습니다. 한 가지 속屬·genus(생물 분류상의 단위)에는 많은 종들이 속해 있습니다. 우리가 포함된 속은 호모Homo입니다. 원래 호모라는 속에는 호모 하빌리스, 호모 에렉투스 같은 많은 종들이 있었습니다. 우리는 그들과 지구를 공유하고 싶지 않았고, 그들 전부를 없앴습니다. 인간은 여러분이 지구 상에서 봐 왔던 모든 동물 중 가장 배타적인 동물입니다. 그래서 호모 사피엔스만 여기 남았습니다. 사피엔스Sapiens는 현명하다는 뜻입니다. 그런데 왜 삶의 터전을 마구 파괴하고 있을까요? 이게 현명하다는 동물의 행동일까요?

우리는 경쟁이 전부라고 서로를 세뇌시켜 왔습니다. 적은 양의 자원만이 남았으니 경쟁은 필요합니다. 그러나 경쟁만 내내 하는 것에는 동의할 수 없습니다. 그룹별로 묶었을 때 지구에서 가장 무거운 생물이 뭘까요? 고래도 아니고 코끼리도 아닙니다. 바로 식물입니다. 개체 수로 따지면 누가 가장 성공했을까요? 바로 곤충입니다. 곤충과 식물은 항상 경쟁했을까요? 아닙니다. 그들은 서로를 도우며 공생Symbiosis해 왔습니다. 공생에 의한 상호 작용이 생존을 위한 강력한 도구였고, 가장 경쟁력 있는 방법이었습니다.

그래서 저는 변화가 필요하다고 주장합니다. 예전 방식을 답습한다면 결국 스스로를 파괴하고 말 것입니다. 현명한 인간이라며 붙인 '호모 사피엔스'라는 이름을 포기하자고 하는 이유입니다. 우리는 공생하는 인간 '호모 심비우스Homo symbious'로 다시 태어나야 합니다. 인간은 할 수 있습니다. 이 행성에서 가장 똑똑한 동물이니까요. Thank you very much! **b**

나는 어려서 생명의 아름다움을
시로 읊어보고 싶어 했다.
조금 더 커서는 생명의 모습을 깎아보려 했다.
이제는 생명의 속살을 파헤치고 싶다.
－《열대예찬》中

WHEN I WAS YOUNG, I WANTED TO EXPRESS THE BEAUTY OF
LIFE IN A POEM. AFTER A FEW YEARS, I TRIED TO CUT DOWN THE
LOOKS OF LIFE. NOW, I AM EAGER TO DIG UP THE INSIDE OF LIFE.
-FROM 'THE CULT OF TROPICS'

악착같이 찾으십시오. 눈 뜨고 있는 시간 내내
내가 가장 하고 싶은 일이 무엇인지.
이를 나는 '아름다운 방황'이라 부릅니다.
일단 찾으면 앞뒤 좌우 살필 것 없이 달리면 됩니다.
아름다운 방황 끝에 아름다운 삶이 있습니다.

-《손잡지 않고 살아남은 생명은 없다》中

LOOK OUT FURIOUSLY FOR WHAT YOU WANT TO DO MOST DURING
YOUR WAKING HOURS. I WOULD CALL THIS 'THE BEAUTY OF
WANDERING'. ONCE FOUND, ALL YOU NEED TO DO IS RUN WITHOUT
LOOKING BACK AND FORTH. BEAUTIFUL LIFE AWAITS YOU WHEN
YOU ARE DONE WITH BEAUTIFUL WANDERING. - FROM 'THERE IS
NO SURVIVING LIFE WITHOUT HOLDING HANDS'

알면 사랑한다.
유럽의 사상가 베이컨은 '아는 것이 힘이다'라고
말했지만 아는 것은 곧 사랑이기도 하다.
알아야 사랑한다.
어설프게 알기 때문에 서로 오해하고 미워한다.
상대를 완전하게 알고 이해하면 반드시 사랑하게
된다. 자연도 마찬가지다.
-《개미제국의 발견》中

YOU WILL LOVE WHEN YOU KNOW. EUROPEAN PHILOSOPHER
(FRANCIS) BACON SAID THAT "KNOWLEDGE IS POWER," BUT
KNOWLEDGE IS ULTIMATELY LOVE AS WELL. YOU CAN LOVE WHEN
YOU KNOW. PEOPLE MISUNDERSTAND AND HATE EACH OTHER
BECAUSE THEY KNOW EACH OTHER IMPERFECTLY. IF YOU KNOW
AND UNDERSTAND SOMEONE PERFECTLY, YOU WILL INEVITABLY
FALL IN LOVE. THE SAME APPLIES TO NATURE. - FROM 'SECRET
LIVES OF ANTS'

마지막으로 내가 만난 최초의
진정한 페미니스트이자 나의 여성학 지도교수인
아내에게 사랑과 함께 이 책을 바친다.
머리로는 이해하는 듯하면서도
가슴으로 느끼지 못하는 이 둔한 학생을
끝내 버리지 않고 붙들어주어 정말 고맙소.
이제 조금, 아주 조금 느낄 것 같소.
　-《여성시대에는 남자도 화장을 한다》中

LAST BUT NOT LEAST, I WOULD LIKE TO DEDICATE THIS BOOK
TO MY WIFE, THE FIRST REAL FEMINIST I'VE ENCOUNTERED AND
MY ADVISOR IN WOMEN'S STUDIES, WITH LOVE. MY HEARTFELT
APPRECIATION FOR NOT ABANDONING AND HOLDING ONTO THIS
DULL STUDENT WHO SEEM TO UNDERSTAND WITH HIS HEAD BUT
NOT WITH HEART. NOW I THINK I CAN FEEL WITH MY HEART AT
LEAST A LITTLE. -FROM 'EVEN MEN WEAR MAKEUP IN WOMEN'S
GENERATION'

REFERENCE

권태성 외, 《한국개미분포도감》, 국립산림과학원, 2012.

도정일·최재천, 《대담》, 휴머니스트, 2005.

로랑 켈러·엘리자베스 고르동(양진성 譯), 《개미》, 작은책방, 2009.

리처드 도킨스(홍영남·이상임 譯), 《이기적 유전자》, 을유문화사, 2015.

박준우, 《과학기술 발전의 발자취》, 자유아카데미, 2009.

베르트 횔도블러·에드워드 윌슨(이병훈 譯), 《개미 세계 여행》, 범양사, 2007.

솔제니친(박형규·김학수·이동현 譯), 《노벨賞文學全集. 12》, 신구문화사, 1971.

신동희, 《창조경제와융합》, 커뮤니케이션북스, 2014.

에드워드 윌슨(이병훈·박시룡 譯), 《사회생물학 Ⅰ, Ⅱ》, 민음사, 1992.

에드워드 윌슨(최재천·장대익 譯), 《통섭》, 사이언스북스, 2014.

유진 번(김소정 譯), 《찰스 다윈: 그래픽 평전》, 푸른지식, 2014.

자크 모노(김진욱 譯), 《우연과 필연》, 범우사, 2015.

장대익, 《다윈의 식탁》, 바다출판사, 2014.

재닛 브라운(임종기 譯), 《찰스 다윈 평전 1, 2》, 김영사, 2010.

찰스 다윈(김관선 譯), 《인간의 유래 1, 2》, 한길사, 2006.

찰스 다윈(김관선 譯), 《종의 기원》, 한길사, 2014.

찰스 다윈(김형표 譯), 《인간과 동물의 감정 표현》, 지식을 만드는 지식, 2014.

최재천, 《개미제국의 발견》, 사이언스북스, 2014.

최재천, 《과학자의 서재》, 명진출판, 2011.

최재천, 《다윈 지능》, 사이언스북스, 2012.

최재천, 《당신의 인생을 이모작하라》, 삼성경제연구소, 2005.

최재천, 《생명이 있는 것은 다 아름답다》, 효형출판, 2015.

최재천, 《손잡지 않고 살아남은 생명은 없다》, 샘터, 2014.

최재천, 《열대예찬》, 현대문학, 2011.

최재천, 《자연을 사랑한 최재천》, 리젬, 2014.

최재천, 《최재천 스타일》, 명진출판, 2012.

최재천, 《통섭의 식탁》, 명진출판, 2011.

최재천, 《통찰》, 이음, 2012.

최재천, 《호모 심비우스: 이기적인 인간은 살아남을 수 있는가?》, 이음, 2011.

김정운, 〈왜 우린 서양인에게 친절하고 동남아인에겐 무례할까〉, 《중앙SUNDAY》, 2012. 5. 6.

김진세, 〈최재천 교수에게 듣는 행복 진화론 '공생과 경쟁의 조화'〉, 《레이디경향》, 2013. 5.

김태열, 〈[특집]이대 통섭원은 '신지식 제작소'〉, 《주간경향》, 2009. 7. 7.

김학순, 〈[세상을 바꾼 책 이야기] 창조보다 눈부신 진화의 신비〉, 《신동아》, 2012. 11.

아비가일 존스(뉴스위크 한국판 편집부 譯), 〈제인 구달이 살아가는 법〉, 《뉴스위크》, 2014. 11. 10.

이경민, 〈'성적 맞춰 들어온 서울대생'에서 '과학 대중화에 앞장서는 학자'가 되기까지〉, 《서울대저널》, 2015. 3.

이미경, 〈이미경의 Green Talk, 최재천 교수〉, 《레몬트리》, 2013. 9.

이인식, 〈수컷 공작 꼬리털은 남자의 외제차 같은 '유혹 수단'〉, 《중앙SUNDAY》, 2013. 11. 3.

임소형·송홍근, 〈최재천 이화여대 석좌교수가 말하는 다윈, 다위니즘〉, 《신동아》, 2009. 02.

조영재, 〈국립생태원장 최재천의 과학이야기〉, 《여성중앙》, 2015. 5.

최영진, 〈[커버스토리]21세기 상징 사회과학분야 생물학자 최재천 교수〉, 《주간경향》, 2008. 9. 23.

최준호, 〈열리고 섞인 공간에서 '세상 바꿈' 아이디어 300개 탄생〉, 《중앙SUNDAY》, 2011. 6. 12.

민동용, 〈[O2/커버스토리] 지식 뽐내는 인간이여, 개미보다 더 지혜로운가〉, 《동아일보》, 2012. 3. 10.

박건형, 〈[다윈 탄생 200주년] 인류의 최종 이론 '진화론'을 말하다〉, 《서울신문》, 2009. 2. 12.

박근태, 〈[닮고 싶은 2004과학기술인] 〈5〉서울대 생명과학부 최재천 교수〉, 《동아일보》, 2004. 5. 16.

박민, 〈[파워인터뷰] "인간만큼 배타적 種 없어…그래서 소통·공감 더욱 중요"〉, 《문화일보》, 2012. 1. 13.

박주연, 〈최재천 교수 "인터뷰로 시작된 16년 인연…제인 구달과 손잡고 재단 설립"〉, 《경향신문》, 2012. 11. 11.

손정미, 〈[사람들] "모든 생물계는 모계혈통…호주제는 모순"〉, 《조선일보》, 2004. 2. 26.

송광호, 〈[인터뷰] 다윈 재조명하는 최재천 교수〉, 《연합뉴스》, 2009. 1. 4.

유용하, 〈[다윈의 부활] 다윈 진화론의 핵심은 종의 다양성〉, 2009. 3. 10.

윤신영, 〈[O2/WISDOM] 죽음 무릅쓰고 돕는 건 유전자의 명령 때문〉, 《동아일보》, 2013. 1. 5.

이진순, 〈"돌고래를 보라, 야비한 사람들은 오래 못 가지"〉, 《한겨레》, 2015. 1. 25.

장대익, 〈[다윈은 미래다] 1부 (3) 다윈 이후의 진화론〉, 《한국일보》, 2009. 2. 25.

장석주, 〈[장석주 시인의 인문학 산책] (14) 통섭(consilience)〉, 《세계일보》, 2010. 10. 13.

조홍섭, 〈까치 연구 7년째 "평생 걸겠다"〉, 《한겨레》, 2004. 11. 11.

최보식, 〈'침팬지 연구소' 설립…'우리 시대의 가장 정력적인 생물학자' 최재천〉, 《조선일보》, 2012. 11. 12.

최성욱, 〈자바긴팔원숭이 뒤쫓은 6년 '내가 지금 여기서 뭐하는 거지?'〉, 《한국대학신문》, 2013. 9. 30.

최재천, 〈[최재천의 자연과 문화] [314] 개미의 성공〉, 《조선일보》, 2015. 4. 28.

최재천, 〈[최재천 칼럼] 내가 추구하며 배운 것들〉, 《아시아엔》, 2014. 10. 29.

최재천, 〈[최재천 칼럼] 신약 제조기 '동물의학'〉, 《아시아엔》, 2014. 4. 11.

최재천, 〈내 마음의 명문장-최재천 국립생태원장〉, 《중앙일보》, 2014. 3. 15.

최현묵, 〈1~2년 투자해야 친해지는 자바 긴팔원숭이, 6개월 만에 우리에게 두 팔 들더라〉, 《조선일보》, 2015. 3. 14.

최현묵, 〈동맹 맺었다가 죽이고…아즈텍 개미에게서 인간 삶을 봤다〉, 《조선일보》, 2015. 3. 14.

황장석, 〈[키워드로 다윈 읽기] 생명의 나무〉, 《동아일보》, 2009. 1. 19.

《오마이뉴스》, 〈헌법재판소에 제출한 최재천 교수 의견서 전문〉, 2004. 2. 26.

151

PHOTO CREDITS AND CAPTIONS

ENDPAPERS
2012년 파나마 스미스소니언 열대연구소, 최재천 제공

IMPRESSION
P.4 성 베드로 성당 앞에 있는 천국의 열쇠를 든 베드로 상
P.5 찰스 로버트 다윈의 초상화, John Collier
P.6 DNA의 이중 나선 구조를 형상화했다.
P.7 생명의 나무, 《종의 기원》에 삽입된 유일한 삽화다.
P.8 잎꾼개미가 나뭇잎을 운반하고 있다, Mark Oakley
P.9 아름다운 갈색 눈을 가진 침팬지, Dennis Jacobsen
P.10-11 코스타리카 열대림, Dan L. Perlman/EcoLibrary.org

UNDERSTANDING
P.18-19 《Evidence as to man's place in Nature》의 권두 삽화, Mr. Waterhouse Hawkins, Project Gutenberg 제공
P.20, 21, 22, 23, 24, 25, 26, 27, 28, 29 본문참조

PORTRAITS
P.32 서울대 생명과학부 연구실에서, 최재천 제공
P.33 조지 에드먼즈George Edmunds 교수 방한 때 김포공항에서, 최재천 제공
P.34 펜실베이니아 주립대학교에서 친구 빌 리처드슨Bill Richardson과 함께, 최재천 제공
P.35 친구 피터 애들러Peter Adler와 함께, 최재천 제공
P.36 1985년 미국 케임브리지에서 윌리엄 해밀턴 교수와 함께, 최재천 제공
P.37 1996년 제인 구달 박사 방한 때 인터뷰, 최재천 제공
P.38 2006년 에드워드 윌슨 교수와 함께, 최재천 제공
P.39 (위에서부터) 2002년 하버드대학교 에른스트 마이어 교수와 함께, 최재천 제공
    2005년 나폴레온 새그넌Napoleon Chagnon 교수와 함께, 최재천 제공
    2005년 제레드 다이아몬드 교수와 함께, 최재천 제공
    2012년 파나마에서 아카시아 개미 관찰, 최재천 제공
    2005년 로버트 트리버스 교수와 함께, 최재천 제공

BIOGRAPHY
P.40-41 이화여대 종합 과학관 연구실에서, PHOTOGRAPH BY PARK JUNSEOK, ILLUSTRATION BY LEE SUMIN
P.42-44, 47-48, 50-51, 53-55, 58, 60, 63 ILLUSTRATION BY PARK MOONYOUNG
P.56-57 《종의 기원》 초판 표지

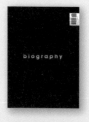   

ISSUE 1
이어령 李御寧

ISSUE 2
김부겸 金富謙

ISSUE 3
심재명 沈栽明

ISSUE 4
이문열 李文烈

ISSUE 1 이어령 창간호에서는 이어령 선생을 만났습니다. 이 선생은 평론가, 산문가, 소설가, 시인, 언론인, 교수, 행정가 등 다방면에서 활동하며 탁월한 업적을 남겼습니다. 한국의 대표 석학, 시대의 지성, 말의 천재로 불리기도 합니다. 이어령 선생은 내일을 사는 사람입니다. 그에게 세상은 부재의 표상입니다. 이어령을 읽어야 할 이유가 여기에 있습니다.

ISSUE 2 김부겸 2호에서는 김부겸 전 국회의원을 만났습니다. 김 전 의원은 진보와 보수, 호남과 영남의 경계에서 외로운 싸움을 해 왔습니다. 삶을 사는 게 아니라 삶을 앓았던 그는 한국 정치사의 경계인境界人입니다. 어디에도 소속감을 느끼지 못하고 경계를 맴도는 많은 현대인들이 그의 삶을 통해 자신을 돌아보고 스스로를 치유할 수 있는 계기가 되었으면 합니다.

ISSUE 3 심재명 3호에서는 명필름 심재명 대표를 만났습니다. 1세대 여성 프로듀서로 불리는 심 대표는 〈접속〉, 〈공동경비구역 JSA〉, 〈우리 생애 최고의 순간〉, 〈마당을 나온 암탉〉, 〈건축학개론〉 등 작품성과 상업성을 두루 갖춘 영화를 제작해 왔습니다. 심 대표는 성공의 원동력으로 결핍과 열등감을 꼽았습니다. 모든 게 부족했기에 채울 수 있었던 그의 삶을 들여다봅니다.

ISSUE 4 이문열 4호에서는 이문열 소설가를 만났습니다. 1979년 등단한 이문열 작가는 대중성과 예술성을 겸비해 우리나라 최고의 작가로 꼽힙니다. 《사람의 아들》, 《젊은 날의 초상》, 《우리들의 일그러진 영웅》, 《평역 삼국지》, 《선택》, 《변경》 등 그의 저서는 이제까지 3천만 부 이상 팔렸습니다. 그의 삶과 작품을 우리 근대사에 비추어 봅니다.

정기 구독 안내 정기 구독을 하시면 정가의 10% 할인 및 행사 초청 등의 혜택을 받으실 수 있습니다. 구독 기간 중 저희 출판사에서 발행되는 단행본 한 권을 함께 보내드립니다. 아래 계좌로 구독료를 입금하신 뒤 전화나 메일로 도서를 받으실 주소와 이름, 연락처를 알려주십시오. 결제일 기준으로 다음 호부터 잡지가 발송됩니다.

- 1년 81,000원(10% 할인)
- 1년 6회 발행(홀수 달)
- 신한은행 100-030-351440
- 예금주 ㈜스리체어스

구독 문의 02-396-6266
CONTACT@BIOGRAPHYMAGAZINE.KR